kailash

EVA ROSENFELDER

Die Seelenwelt der Pflanzen

EINE ENTDECKUNGSREISE

MIT EINEM VORWORT VON
WOLF-DIETER STORL

Inhalt

Vorwort

VON WOLF-DIETER STORL

Gut, dass es noch Menschen gibt, die offen sind für die grünen Mitbewohner unserer Erde und mit ihren Herzen in deren stilles Wesen hineinlauschen. Die Pflanzen verdienen das, denn die dunklen, geheimnisvollen Wälder, die blühenden Wiesen, die reifen Ackerfelder und das bunte Herbstlaub beschenken uns mit unermesslicher Schönheit, die unsere Sinne erfreut, uns zu poetischen Flügen einlädt und uns seelisch und körperlich gesund erhält. Moderne Forschung bestätigt, dass allein ein halbstündiger Waldspaziergang oder etwas Gartenarbeit die Stresshormone im Körper vermindert, Pulsfrequenz und Blutdruck senkt und die Aktivität des Immunsystems erhöht. Nicht nur das. Wenn wir bedenken, dass wir den Pflanzen letztlich all unsere Nahrung verdanken, ja, dass sie uns mit dem Sauerstoff versorgen, der uns atmen lässt und sogar zur leuchtend blauen Farbe des Himmels beiträgt, dann haben wir allen Grund, ihnen dankbar zu sein.

Nur weil unser Gehirn es nicht ohne Weiteres erfassen kann, bedeutet das nicht, dass in den Pflanzen keine geistigen und seelischen Kräfte am Werk sind. Als Kulturanthropologe kann ich bestätigen, dass man in allen traditionellen Kulturen davon überzeugt war und dass es überall Menschen gab (und gibt), die mit den Geistern des grünen Volks »sprechen« können. Auch bei uns gibt es sie. Eva Rosenfelder stellt uns einige in diesem Buch vor.

Und sie selbst gehört dazu; auch sie kann das Wesen der Pflanzen erspüren und hat die Begabung, dessen Botschaft in Form inspirierender Gedichte zu fassen – Kleinode, die sehr schön zu den meditativen Pflanzenfotos von Frank Brunke passen.

Gut, dass es Menschen gibt, die Pflanzen lieben. Das ist notwendig, denn Liebe ist eine geistige Kraft, ein Gegengewicht zu der Brutalität und kalten Herzlosigkeit, mit der heute die Vegetation angegangen wird. In einer Welt der globalisierten Geldgier verschwinden jedes Jahr Waldflächen so groß wie Frankreich; etliche Millionen Hektar Ackerland werden mit dem Totalherbizid Glyphosat vom »Unkraut« befreit und dabei totgespritzt. Doch Ackerbegleitkräuter spielen eine sehr wichtige ökologische Rolle! Viele sind Heilkräuter oder auch essbar, oder sie liefern Nektar für Bienen und Bestäubungsinsekten.

Es ist höchste Zeit, dass wir wieder liebevoll mit unseren Mitgeschöpfen umgehen. Mein Lehrer, der weise Bergbauer Arthur Hermes, sagte einmal: »Liebe ist geistige Düngung für die Pflanzen.« Ohne unsere liebevolle Zuwendung werden die Pflanzen verkümmern. Experten werden dann sicherlich irgendeine materielle Erklärung zur Hand haben, aber es ist letzten Endes unsere Lieblosigkeit, die der Grund für Naturverarmung ist.

Pflanzen entwickeln sich im Einklang mit den kosmischen Rhythmen. Ihr jahreszeitliches Erscheinen, ihr Keimen, Wachsen, Blühen und Vergehen, ist ein Tanz mit Sonne, Mond und Planeten. Eva Rosenfelder versteht das; sie öffnet uns in diesem Buch ein Tor zu der Erkenntnis, dass Pflanzen in ihrem Wesen viel größer und wunderbarer sind, als es die Schulweisheit erahnt.

Einklang

Das Jahr ist noch jung, schon strecken die ersten Schneeglöckchen ihre weißen Köpfchen hervor und verheißen den Frühling. Immer wieder hüpft mein Herz vor Freude, wenn ich sie entdecke. Einmal mehr ist es ihnen gelungen, Kälte und Winter durchzustehen, den harten Boden zu durchbrechen und trotz aller Widrigkeiten unbeirrt zum Licht zu gelangen – zart und doch so unglaublich stark. Das macht mich glücklich.

Wie nur vermögen Pflanzen uns Menschen mit so viel Liebe zu erfüllen? Was geht von einer Pflanze aus, das uns so sehr berührt? Je tiefer wir mit ihr in Beziehung treten, desto mehr stellt sich diese Frage. Pflanzen sind eigenständige Wesen, die sich auf mannigfaltige Art ausdrücken. Doch auch wenn sie uns Menschen seit Urzeiten begleiten, nähren und heilen, so ist ihre Vielfalt der Erscheinungen und Wirkungsweisen für uns unermesslich geblieben. Heute haben wir Zugang zu so viel Wissen und Erfahrungsschätzen wie niemals zuvor in der Geschichte der Menschheit. Das alte Heilpflanzenwissen verschiedenster Naturvölker und Kulturen ist uns ebenso verfügbar wie modernste wissenschaftliche Forschungsergebnisse zu den überraschenden Fähigkeiten der Pflanzen. Alternativ- oder Hightech-Medizin, Kräutersepps Geheimrezept oder pharmazeutischer Hammer aus synthetisierten Pflanzensubstanzen – wir können aus einer riesigen Palette an Möglichkeiten wählen. Doch wissen wir wirklich mehr über Pflanzen?

»Die Frage ist weniger, ob Pflanzen intelligent sind, als vielmehr, ob wir intelligent genug sind, um sie zu verstehen.«
(Ian Baldwin, führender Pflanzenforscher am Max-Planck-Institut für chemische Ökologie in Jena)

Unser Naturverständnis ist geformt von unserer Herkunft und einem selbstverständlichen kulturellen Einverständnis, das wenig hinterfragt wird. Wissen hat einen hohen Stellenwert und beeinflusst dementsprechend unsere Wahrnehmung. Fakten, die auf Analyse, Sezieren, Zerlegen basieren, die belegt sind durch Studien, Statistiken, gelten als handfestes Allgemeinwissen. Die Pflanzen kommen dabei schlecht weg: Selten nur werden sie in freier Natur besucht, dort, wo sie gedeihen und in Gemeinschaft mit anderen Pflanzen wachsen. Eher landen sie im Herbarium, werden in Einzelteile zerlegt betrachtet, abgetrennt von Wurzel und Heimat grell belichtet unter Mikroskopen in einer Laborsituation, fern des Lebens. Wie exakt ist das?

Was sich im Bereich des Ahnens oder Fühlens bewegt, wird als »esoterisch« belächelt – ein Begriff, der sich längst zum gesellschaftlich anerkannten Schimpfwort gewandelt hat. Ahnung, Intuition oder Imagination sind Zugänge, die als unwissenschaftlich abgetan werden. Die Natur zu mystifizieren gilt als romantisch und naiv, ausgenommen in Kunst und Literatur, die in ihrem sinnlichen Ausdruck die Essenz wohl am ehesten berühren. Hier wird den Naturvisionen eine Nische gewährt. In den letzten Jahrzehnten besinnt man sich auch wieder mehr auf Volksheilkunst und das alte Wissen von Naturvölkern aus verschiedensten Kulturen – staunend, was »primitive« Völker bereits wussten, und das ohne Hilfe von Labors, ohne Analyse von Inhaltsstoffen, ohne fundierte Wissenschaft.

Im Verständnis der Naturvölker wirkt das Leben in Menschen, Bäumen, Pflanzen, Steinen auf dieselbe Weise, sie unterscheiden nicht zwischen Mensch und Nichtmensch, sie sind Natur. Es ist dieses Gefühl, das wir im natürlichen Umgang mit Pflanzen als eine Bezauberung wahrnehmen, mit der uns die freie Natur oder der Garten umfängt. Die Sehnsucht nach dieser Rückverbindung mit der Natur wächst, je mehr wir uns von ihr entfremden, doch wir trauen der Sache (noch) nicht wirklich, sondern äugen stets auf die Forschungsergebnisse der Wissenschaft. Und diese interessiert sich – ihrem Wesen gemäß – für die »Intelligenz«, das geheime »Wissen« oder die faszinierenden »Fähigkeiten« der Pflanzen oder »erforscht« die Pflanzenseele. Basierend stets auf der Vorgabe, man dürfe die Natur keinesfalls vermenschlichen.

Eine Brücke von der Wissenschaft zur Spiritualität

Aber ist nicht die Wissenschaft selbst eine menschliche Projektion, welche die Dimensionen begrenzt, in denen sich die Pflanzen tatsächlich aufhalten? Ergebnisse modernster Quantenphysik besagen, dass allein die Beobachtung – etwa der scheinbar bedeutungslose Akt des Messens – die Erscheinungsform der Materie beeinflusst. Hier hat die Wissenschaft wahrhaft das Tor zu einem spirituellen Verständnis von Mensch und Welt aufgestoßen.

Doch ungeachtet dessen, was im Bereich der Quantenphysik bereits erforscht wurde, steht die neuzeitliche Wissenschaft noch immer unter dem Einfluss des Newton'schen Weltbildes aus dem 17. Jahrhundert (!) und baut darauf, dass nur Fassbares und Messbares real ist. Nach Newton ist die Welt aus kleinsten materiellen Bausteinchen, den Atomen, aufgebaut. Aber man hat längst entdeckt, dass diese Teilchen keine greifbare Substanz haben.

Materie kann sich – je nachdem, ob sie beobachtet wird oder nicht – als Teilchen oder als Welle zeigen. Nur wenn sie gerade gemessen wird, erscheint die Materie für uns in Form von kleinen Teilchen, die man Quanten nennt. »Ein Quantum ist eine Art Verpackungsgröße der sichtbaren Wirklichkeit«, erklärt die deutsche Philosophin Natalie Knapp (*Der unendliche Augenblick*, siehe Quellenverzeichnis Seite 252). »Solange die Materie unbeobachtet ist, existiert sie als geheimnisvolles Kontinuum, das man in der Physik auch ›Welle von Möglichkeiten‹ nennt.« Das ist keine esoterisch angehauchte Behauptung, sondern die Standardinterpretation der Quantenphysik: »Materie besteht aus Wellen von Möglichkeiten, der Einfluss des Beobachters ist massiv, denn er bewirkt, dass etwas eine Form annimmt. Hier berühren sich Geist und Materie. Nicht durch gezielte Manipulation, sondern durch das In-Beziehung-Treten mit etwas«, erklärt Natalie Knapp. »Realität ist erst eindeutig, wenn wir ihr dazu verhelfen, eine Form anzunehmen [...] So sind auch unsere Sinneserfahrungen weder rein subjektiv noch völlig objektiv, sondern relativ – im Sinne einer Beziehung, aus der die Welt hervorgeht.«

Was Natalie Knapp da sagt, ist eine Ungeheuerlichkeit: Denn hier hat die Wissenschaft, die nur beweisbar objektive Fakten anerkennt, einen ihrer grundlegendsten Glaubenssätze aus den Angeln gehoben und ein Paradox zutage gefördert: »Die Welt der Quanten zeigt sich ganz ›objektiv‹ als eine Welt der Beziehungen zwischen Geist und Materie.«

Diese Tatsachen sind wichtig in Bezug auf unsere Wahrnehmung von Pflanzen. Denn der Pfad des Wissens führt heute immer näher an die Grenzen zur Pflanzenmystik. Selbst Forschende sind oft fassungslos angesichts der Dimensionen, welche die Pflanzenwelt ihnen zu eröffnen vermag – dennoch stehen sie der

Vorstellung von einer beseelten Natur misstrauisch gegenüber. Es bleibt zu hoffen, dass die Erkenntnisse modernster Wissenschaft schrittweise immer mehr zu einem »Hand in Hand« mit der Weisheit der Natur führen.

Dass Pflanzen auf menschliche Gedanken und Gefühle, Glück, Freude, Schreck und Schmerz reagieren, haben Wissenschaftler bereits in den 1960er-Jahren nachgewiesen (vgl. Tompkins/Bird: *Das geheime Leben der Pflanzen,* siehe Quellenverzeichnis Seite 252). In unzähligen Untersuchungsreihen konnten sie feststellen, dass Pflanzen agieren und reagieren wie andere Lebewesen auch. Pflanzen fühlen, haben Erinnerungsvermögen und sind in der Lage, optische, akustische und sogar gedankliche und emotionale Eindrücke wahrzunehmen. Sie reagieren ständig auf die Einflüsse elektromagnetischer Wellen, die von zahlreichen menschlichen Einrichtungen ausgehen, aber vor allem auf jene von Sonne, Mond, Planeten und vom ganzen Kosmos. Erkenntnisse, die damals hohe Wellen geschlagen haben.

Heute hat die Naturwissenschaft noch viel mehr erforscht: Unsere grünen Mitbewohnerinnen kommunizieren miteinander über Düfte und Wurzelsysteme, ihr chemisches Vokabular umfasst um die 3000 (!) »Begriffe«. Pflanzen tauschen sich mit Insekten und Vögeln aus (vgl. Mancuso/Viola: *Die Intelligenz der Pflanzen)* und reagieren unglaublich sensibel auf jede Art von Berührung: Ein sanftes Streicheln genügt, und sie ändern ihre Wuchsrichtung. Ihr Körper ist zudem ein einziges Sehorgan, dessen Zellen fähig sind, die Anteile unterschiedlicher Wellenlängen im Licht zu identifizieren und ihr Wachstum nach dem Sonnenlicht zu richten. In ihren Zellmembranen – dem eigentlichen Gehirn der Pflanze – können sie Tausende von Signalen verrechnen.

Die stillen Grünlinge sind lebendige Wesen in einem großen Naturgeflecht, sie leben in Familien und verfügen gar über mehr Sinne als der Mensch – neben unseren fünf Sinnen besitzen sie nicht weniger als fünfzehn weitere Sinne pflanzlicher Art.

Unsere Ureltern

Heute weiß man, dass Pflanzen, Tiere und Menschen dieselben Wurzeln haben und auf Zellebene miteinander verwandt sind. Die fast drei Milliarden Jahre dauernde Entwicklung hat von einzelligen Lebewesen ausgehend zu einer unglaublichen Vielfalt der Lebensformen geführt. Biologisch betrachtet sind Pflanzen unsere Ureltern, denn anders als Tiere und Menschen sind sie als einzige Wesen in der Lage, Sonnenlicht in Leben zu verwandeln, das sie großzügig verschenken. Sie sind es, die überhaupt die Grundlage für Ernährung und damit eine mögliche Existenz für Menschen und Tiere schaffen. Doch noch immer gelten Pflanzen im vorherrschenden Weltbild als weniger entwickelt als Tiere. Angesichts der Tatsache, dass der Anteil der Gattung Mensch und aller anderen Tiere gerade einmal 0,3 Prozent der Masse aller Lebewesen auf dieser Erde ausmacht – im Gegensatz zu 99,7 Prozent Pflanzen –, fragt es sich schon, wem eigentlich die Krone der Schöpfung zusteht. Doch ein solches Begehren ist der grünen Welt wohl eher fremd.

Die Schweizer Verfassung trägt dieser neuen Sicht auf Pflanzen erfreulicherweise Rechnung: Seit 1992 ist die Würde der Pflanzen in der Verfassung geschützt (Verfassungsartikel zur Würde der Kreatur 1992).

Doch was bedeutet das alles für unsere Beziehung zu den Pflanzen, die sich anhand solcher Erkenntnisse immer weniger als Biomasse betrachten lassen? Und was verändert es an unserem Umgang mit der Natur? Ganz offensichtlich vermögen Pflanzen einiges mehr, als den Menschen zu ernähren und ihm den Sauerstoff zur Atmung zu liefern. Das Geheimnis aber, das die Pflanzen umgibt, wird wohl keine Forschung je lüften können.

Ist es nicht vielleicht gerade das breit gefächerte Wissen und der Glaube an eine Fachwelt, die uns hindern, selbst mit dem Wesen der Pflanze in Beziehung zu treten, zu lauschen, zu schauen, zu riechen und zu träumen? Denn dazu fordern uns die Pflanzen geradezu auf. Mit unglaublicher Geduld scheinen sie sich zur Verfügung zu stellen für alles, was wir mit ihnen tun, als ob sie geduldig warteten, bis wir Menschen sie endlich in ihrer Ganzheit erkennen.

Als Kinder fanden wohl die meisten von uns noch unmittelbar Zugang zu diesen Ebenen. Versonnen pflückten wir Blumen, kletterten wie Äffchen in den Bäumen, öffneten dieser beseelten Welt vorbehaltlos alle Sinne. Vor allem hatten wir Zeit. Sehr viel Zeit, um gemeinsam mit den Pflanzen zu träumen.

Kirschbaum meiner Kindheit

Noch immer lebt in mir jener wilde Kirschbaum aus Kinderjahren. Unzählige Male kletterte ich auf ihm, schlang meine Beine um das schwarze Stämmchen, zog mich immer weiter und immer geschickter hinauf, mitten in die weiße Blütenpracht. Gemeinsam reisten wir durch die Jahreszeiten.

Mit den Vögeln teilte ich seine hellroten winzigen Kirschen. Sauer waren sie, nur für uns ein Leckerbissen. Dann der Geruch der feuchten Äste, wenn langsam der Herbst kam und der Kirschbaum sein Blätterkleid fallen ließ. Auch die ersten Schneeflocken erlebten wir manchmal gemeinsam. Getragen von einer Astgabel, ließ ich den Blick über den kahl gewordenen Garten schweifen. Die Kälte ließ mich erstarren, und ihm ging es ebenso. Ich spürte den ruhenden Baumkörper, der seine Kraft unter die Erde zurückzog. Manchmal bekam er ein Schneekleid, geschmückt von tausend schillernden Kristallen. Viele Kindheitsjahre habe ich mit diesem Baum geteilt.

Eines Tages haben die Schrebergartennachbarn ihn ohne Vorwarnung gefällt und seinen Körper in einer Nacht-und-Nebel-Aktion weggeräumt. Dieser unnütze Kirschbaum habe zu viel Schatten auf ihre Beete geworfen und das reiche jetzt, war die vage Begründung. Ich war unendlich traurig.

Doch seltsamerweise spürte ich bald, dass der Baum noch irgendwie anwesend war. Immer wieder konnte ich ihn wahrnehmen, wie er in seiner Ganzheit und Unversehrtheit da war und mich tröstete. Ich fühlte ihn in mir. Und das bis heute – rund vierzig Jahre später.

Wenn ich Ihnen jetzt erzähle, dass inzwischen in meinem Baumgarten ein wilder Kirschbaum ganz von selbst gewachsen ist, gleich dem Baum meiner Kindheit, dann werden Sie das vielleicht für Zufall halten. Doch ist es einer dieser sinnigen und berührenden »Zu-fälle«. Dieser Wildkirschbaum ist in kürzester Zeit zu einem Kletterbaum herangewachsen und schenkt mir bereits wieder jene sauren Früchtchen von damals. Wenn auch meine Knochen mir nicht mehr erlauben, so wendig die Äste zu erklimmen …

Dieser Kirschbaum und viele andere Pflanzen, die mir nahegekommen sind, bewegen mich. Seit vielen Jahren versuche ich, mehr über diese einmaligen Wesen zu erfahren. Biologie oder Pflanzenheilkunde habe ich zwar nicht studiert, doch mir stets solches Wissen einverleibt. Viel mehr aber noch drängte es mich, die Sprache der Pflanzen zu lernen, ihrem stillen »Lied« zu lauschen, ihr Wesen zu fühlen. Dabei erfahre ich immer wieder, wie sehr Pflanzen uns mit dem Herzen der Mutter Erde, mit dem Leben selbst verbinden. Pflanzen, Tiere und Menschen – wir alle haben diesen gemeinsamen Ursprung.

Die Pflanze in ihrem eigentlichen Seelenwesen ist für mich trotzdem bis heute ein Geheimnis geblieben. Die Pflanzenwesen rufen mich zu einer stetigen Suchwanderung, um mehr von ihnen zu erfahren und im wahrsten Sinne des Wortes »pflanzenkundig« zu werden. Es ist eine Reise mit leichtem Gepäck und offenem Herzen. Kommen Sie mit auf diese Walz?

Wir werden den Pflanzen am Wegrand, in der Mauerritze, in Wiesen und Wäldern vorbehaltlos mit kindlichem Geist begegnen – denn so tun es die Pflanzen auch mit uns. Bilder, Emotionen und plötzliche Eingebungen, die so in uns entstehen, sind das stille Geschenk der Pflanzenwelt. Oft sind dies heilende Hinweise oder, wenn wir Glück haben, sogar Schlüssel zum Tor eines Paradiesgartens, dem Garten der eigenen Seele, der sich dann auch in einem sichtbaren Seelengarten manifestieren kann. Denn: Wer seine Freunde in den eigenen Garten einlädt, wird nicht nur Frieden und Liebe säen, sondern auch viele Früchte ernten.

Reisen durch den Jahreskreis

Das vorliegende Buch lädt Sie ein, wie die Pflanzen im Jahreskreis zu reisen und zu wachsen. Im Fluss der Jahreszeiten werden wir »Pflanzen-Sprachkundige« und »Pflanzen-Weise« treffen, die uns von ihrem ganz persönlichen Seelenzugang zu den Pflanzen erzählen. Die Zuordnung der einzelnen Menschenbegegnungen zu den Jahreszeiten ist kein Zufall. Sie soll aufzeigen, dass wir Menschen genau wie die Pflanzen im Jahreskreis wachsen, Lebensphasen durchlaufen, Sichtweisen entwickeln und erweitern, reifen – und dass wir gleich den Pflanzen geprägt sind vom Rad des Lebens. Die einzelnen Seelengärtner spiegeln durch ihren persönlichen Pflanzenzugang und ihre menschliche Lebensphase immer auch die jeweilige Jahresqualität. Wie laden diese »Seelengärtner« und »Seelengärtnerinnen« ihre besonderen Pflanzengefährten zu sich ein und treten mit ihnen in eine lebendige Beziehung? Was heißt das für ihren Umgang und Alltag mit den

Pflanzen? Wie können wir mit Pflanzen Freundschaft schließen, einen seelenvollen Bezug zu ihnen finden und dadurch auch einen seelenvollen Umgang mit der Erde – dem größten Seelengarten der Menschheit?

In der dunklen Jahreszeit wollen wir losziehen, wenn die Samen sich im kalten Schoß der Erde schlummernd zum Licht träumen. Wir erwachen mit ihnen, die mit der Kraft des Frühlings sprießen, sich dann der Sonne entgegen in den Sommer recken, sonnengereifte Früchte in den Herbst tragen und ihre Samen dem Wind verschenken, loslassen und zurücksinken ins Winterreich.

Wir werden verschiedenste Sichtweisen und Sprachen kennenlernen, neue Inspirationen finden und die Pflanzen aus ungewohnten Perspektiven betrachten, die unseren eigenen Umgang mit diesen sensiblen grünen Wesen neu beleben können.

Sei es durch das intuitive Wissen des rituellen Gärtners Tilman Schlosser und seine besondere Kräutergärtnerei oder durch die verfeinerte Beobachtungsgabe des Fotografen Frank Brunke, der dieses Buch mit seinen Seelen-Pflanzenbildern bereichert. Sei es durch die helle Sicht der Heilerin Regula Mathies, die aufgrund ihrer Eingebungen innere und äußere Natur heilend verbindet, oder durch den Naturarzt und Bergführer Jürg Reinhard, der uns von den astralen Verbindungen der Pflanzen mit dem Kosmos erzählt. Die Künstlerin und Labyrinthbauerin Agnes Barmettler bringt uns die Kraft der Gemeinschaft von Menschen und Pflanzen nahe. Klangheilerin Orna Ralston vernimmt die Melodie der Pflanzenwesen, während Ursula Bühler mit ihrem grünen Daumen üppige Fülle und Pracht aus jedem Blumentopf lockt – ganz aus dem Bauch heraus. Und wie kommuniziert der Pflanzen-Weise Wolf-Dieter Storl mit seinen Seelengefährten? Wildkräuter-Sammelweib Gisula Tscharner begegnet ihren Freunden in den Wäldern und stellt kulinarische Köstlichkeiten für wilde Seelen bereit.

All diese Menschen bestellen einen »Seelengarten« auf ihre persönliche Art und Weise. Ob in der wilden Natur, im Gemüse- oder Heilkräutergarten, auf dem blühenden Balkon, in der liebenden Beziehung zu einer Zimmerpflanze – eines haben sie alle gemeinsam: Sie haben den Pflanzen ihre Sinne, vor allem aber ihr Herz geöffnet für das, was die Pflanzen uns so voller Hingabe schenken.

Eigene Wurzeln

VON MEINEM GÄRTNERISCHEN URGRUND

Alles Leben wächst aus dem Dunkeln. Dort ruhen die Samen manchmal eine halbe Ewigkeit und warten, bis ihre Zeit kommt, um ans Licht zu sprießen. Ruhe, Wachstum, Blüte, Frucht und Reife: Alles braucht seine Zeit. Auch die Waldengelwurz, die ich mir jahrelang »vergeblich« in meinem Waldgarten gewünscht hatte. Immer wieder habe ich Samen ausgesät, doch nichts geschah. Nach über zehn Jahren sind unerwartet zwei Pflanzen gewachsen, und das gerade in einer Zeit, in der mir Engel solcher Art mehr als willkommen waren. Was für ein Geschenk!

Wenn wir von Pflanzen sprechen, haben wir meist nur einen Teilzustand ihres Lebens vor unserem inneren Auge: die Blüte und die Frucht. Wir lieben blühende, duftende Blumen, prachtvolle grüne Bäume, saftige süße Früchte und eine knackige, reichhaltige Gartenernte.

Die Lebensgeschichte der Setzlinge, die wir in unsere Gärten tragen, interessiert uns eher wenig. Hauptsache, die Grünlinge wachsen, werden schön stramm und bringen Ertrag. Uns Menschen der heutigen Gesellschaft geht es ja auch nicht anders: Jung, schön und erfolgreich ist gefragt; was kränkelt, schrumpelt und welkt oder sich gar zur Erde neigt – wie die alten Leute, die ihre Kräfte verlieren und bucklig werden –, ist nicht erwünscht.

Die Daseinsgeschichte jeder Pflanze beginnt und endet aber im Dunkeln, so wie auch die unsrige. Im Bauch der Mutter Erde träumen sich die Samen in ihre Gestalt, mit der sie ans Licht wachsen werden. Werden sie geweckt und gekitzelt von den warmen Sonnenstrahlen, recken sie sich dem Licht entgegen, so wie auch wir Menschen es tun auf unsere mannigfaltige und oft undurchsichtige Art. Selbst das egoistische Streben nach Macht und Erfolg mag ein solcher Versuch sein. Doch immer ist es die nährende Dunkelheit und Stille, die uns die Kraft gibt, ans Licht zu gelangen. Ein Burn-out, an dem immer mehr Menschen leiden, kann nur entstehen, wenn wir uns keine Zeit mehr nehmen zu träumen, in den nährenden Erdboden der eigenen Seele zu tauchen und dem Lied des Lebens zu lauschen.

Beobachte ich die Menschen, die im Frühjahr in die Gartencenter strömen, in ihren Einkaufswagen Haufen blühender Blümchen – im Dutzend billiger –, Beerenstauden und Rosenbäumchen, daneben gleich auch *Un*krautvertilger, Dünger und Pflanzenschutzspray, dann rätsele ich immer, warum diese Pflanzen solches von uns Menschen ertragen und nicht schon bei der Aufzucht eingegangen sind. Träumen sie davon, dass wir Menschen erwachen und sie doch eines Tages in ihrem Sein wahrnehmen? Welche Geduld, welche Liebe doch aus dieser grünen Welt zu uns strömt!

Garten als Seelenraum

Auch im Zurechtstutzen und Trimmen der Gärten nach menschlichen Kriterien ist Sehnsucht spürbar. Unsere Gärten sollen zu Oasen werden, die uns nähren – und zwar nicht nur kulinarisch, sondern mit allen Sinnen: Wir ersehnen die Schönheit der Natur, einen Erholungsraum, Vogelgezwitscher und Bienensummen, wir hungern nach Seelennahrung. Doch wie soll diese uns denn zukommen, wenn wir der Natur nicht ihren Seelenraum lassen?

Der Garten als Seelenraum wird immer wichtiger in einer Zeit, in der wir uns zunehmend von der wilden Natur entfernen und damit von unseren eigenen Wurzeln abtrennen. Der Klick auf eine Maus ist vertrauter als deren scheuer Blick aus schwarzen Knopfäuglein.

Doch zum Glück hat sich die wilde Natur die Menschenseele als Verbündete gewählt: Je mehr der Mensch sich von der Erde distanziert, desto mehr gedeiht gleichzeitig seine Sehnsucht nach Verbindung mit ihr. Siehe da: Auf Terrassen und Balkonen wachsen längst nicht mehr nur Geranien. Gemüse wuchert über Fassaden, hoch über den Straßen ernten eifrige Städter frische Tomaten, Fruchtbäumchen werden in Töpfen gezogen, Zwiebeln und Kopfsalat zieren die Fensterfront, und experimentierfreudige

Stadtimker versuchen sich gar im Honigschleudern. Urban Gardening nennt sich das. Der Wunsch nach einem kleinen Paradies und ein bisschen Grün ist riesig. Meist beginnt alles voller Hoffnung, Freude und Sorgfalt. Liebevoll und natürlich »bio« werden junge Pflänzchen ausgebracht und sorgfältig gehegt – bis es erste Invasionen aus der kleinen Welt gibt: Dickmaulrüssler marschieren ins Paradies ein, und ratzeputz sind Blättchen verschwunden, Wurzeln abgenagt. Ameisenheere züchten auf wohlriechenden Blütenpflanzen ihre klebrigen Läuse. Aus der frisch gekauften Bioerde kriechen Horden nackter winziger Babyschnecken mit weniger unschuldigem Appetit. In einer einzigen Nacht haben sie die zarten Salatsetzlinge verputzt und die wohlriechenden Cherry-Tomaten durchlöchert …

Die Natur hat eine eigenartige Sprache, nämlich die ihr eigene. Sie ist nicht so einfach zu verstehen für unsere Gattung, die oft sehr konkrete Vorstellungen hat, wie der persönliche Paradiesgarten – und sei er noch so klein – aussehen soll.

Vielleicht haben Sie einen grünen Daumen? Der Weg zum Garten meiner Träume jedenfalls ist noch immer weit und voller Überraschungen. Manchmal habe ich das vage Gefühl, mein Garten erträume mich. Immerhin hat sein Einfluss, der inzwischen elf Jahre dauert, mich schon ziemlich stark auf den Boden gebracht.

Willkommen in der Wildnis

Damals konnten wir einen halben Hektar Land in landwirtschaftlicher Umgebung pachten. Unser Vorgänger war Gartenbaufachmann und hatte bereits viele Bäume angepflanzt. Der Ort diente ihm zum Teil als eine Art »Zwischenlager« für seine Bäume, unter denen auch sehr seltene Zierbäume waren. Er selbst bezeichnete ihn als Baumschule, doch uns schien das eine sehr lockere und freie Schule zu sein. Keine Spur von Bäumen in züchtigen Reihen. Liebevoll hegte er seine Jungbäume, die er hübsch in einem Kreis angelegt hatte, mit dem Hintergedanken, später im Alter einmal eine Oase im Grünen zu haben.

Doch er wurde krank. Seine Bäume wuchsen ihm über den Kopf, das Land verwilderte immer mehr. Ackerdisteln, Riesenkletten, meterhohe Brennnesseln übernahmen das Regiment. Winden und Brombeerranken kletterten über die Bäume hinweg, und das immer wildere Dickicht büxte über die Zäune aus in umliegende Felder und Wege. Bauern und Nachbarschaft beschwerten sich und forderten von dem sowieso schon angeschlagenen Mann, alle Bäume zu fällen und das Land in den ursprünglichen Zustand zu versetzen, um es wieder der Landwirtschaft zugänglich zu machen. In dieser Situation kamen wir dazu. Ein glücklicher Zufall wollte es, dass ausgerechnet wir diese Wildnis übernehmen und weiter pachten durften.

Dornröschen

Voller Liebe zur Natur, doch mit dürftigen Gartenkenntnissen machten wir uns an die Arbeit – oder was wir darunter verstanden. Die ersten Jahre versuchten wir auf unterschiedlichste Weise immer wieder, diesem Fleck Erde unsere Träume aufzuzwingen. Wir gruben, schnitten, jäteten, durchforsteten die Wildnis im Schweiße unseres Angesichts. Wir mähten, ackerten, steckten Blumenzwiebeln, säten und pflanzten. Schließlich wollten wir ja Beeren, Obstbäume, Inseln von Blüten einheimischer Wildkräuter, Heilkräuter, Gemüse. Ein Badeweiher wurde ausgebuddelt, ein Gemüsegärtchen mit Schneckenzaun angelegt, Samen ausgesät für ein Blumenmeer ... Und das alles wollten wir selbstverständlich, ohne jegliches Gift zu gebrauchen – etwas, das unser Vorgänger in rauen Massen gespritzt hatte, um der Wildnis Herr zu werden. Doch wir träumten ja auch von vielen Tierchen, einer Idylle für Igel, Vögel, Wildbienen und Schmetterlinge, die hier alle in Harmonie ihren Platz finden sollten.

Das Land atmete auf. Und Schritt für Schritt begann der Waldgarten, uns zu sich zu führen: Alles, was wir zurückschnitten, wuchs umso besser. Schnecken, Wühlmäuse, Käfer und Mücken begrüßten uns herzlich und taten sich gütlich an unserer Tafel: feine Sonnenblumen, köstliche Blumenzwiebeln, zarte Gewürzpflänzchen schmeckten ihnen wunderbar, und sie riefen sogleich ihre ganze Sippschaft herbei, um uns vorzustellen. Mücken, Fliegen und Zecken liebten uns vom ersten Moment an. Sie schlossen spontan Blutsbrüderschaft, wann immer wir durch die Wildnis streiften oder abends am Feuer saßen. Verbündete wurden mir auch die Brombeeren. Ihre langen Ranken zerkratzten mir mit nie nachlassender Begeisterung Beine, Arme, Gesicht und hielten mich fest, wo immer sie meiner habhaft werden konnten.

Nicht weniger die Riesenkletten, deren hakenreiche Samenbällchen ich ständig in meinen Haaren fand und kaum mehr herausbekam. Das Gras wuchs nicht nur dick und fett, sondern in Kürze hüfthoch. Die Samen für eine zarte Bienenblütenwiese haben die Mäuse wohlig in ihren Mägen verdaut – oder, wer weiß, vielleicht träumen die Samen noch immer im Erdreich von ihrer Blüte.

Wie mein Garten mich träumt

So flossen die Jahreszeiten dahin, Jahr um Jahr drehte sich, und die grüne Kraft war stets findiger als wir. Der Badeweiher wurde grün und schlammig, längst tummelten sich dort Libellen, Salamander, Frösche und Wasserspinnen, gemeinsam mit der Schlammprinzessin – wir ließen ihnen höflich den Vortritt.

Langsam lerne ich, suche mehr und mehr Kompromisse und teile mit den wüchsigen Wesen gewisse Reviere, doch den größten Teil überlasse ich ihnen. Mir scheint, sie sind weiser als wir. Der Versuch, mit ihnen zu »gärtnern«, ist nach wie vor in vollem Gange. Denn noch entspreche ich nicht dem Traum, den mein Garten von mir träumt. Immer wieder erinnert er mich sanft daran, indem er mir zeigt, wie das Richtige oft von selbst geschieht – hätte ich nur die Geduld gehabt, hinzuschauen und auf den richtigen Zeitpunkt zu warten.

Über den meterhohen Brennnesseln, die wir in einem bestimmten Bereich immer stehen lassen, tummeln sich unzählige Schmetterlinge. Die schwachen Bäume wirft der Sturm um, im letzten Winter waren es zehn Tannen. Was am falschen Ort gepflanzt wurde oder sich seinen Platz nicht nehmen kann, verabschiedet sich wieder. Die Klein- und Kleinsttiere helfen dabei.

Unzählige Vögel leben in den Hagebuttenstauden und im meterhohen, uralten Wacholderdickicht. Einige von ihnen kenne ich inzwischen mit Namen, andere sind so winzig und schnell, dass ich sie kaum je zu Gesicht bekomme. Ein Buntspecht klopft Käferchen aus dem alten toten Kirschbaumstamm; Kolkraben, Krähen, Milane, Sperber umkreisen das Revier. Wir entdecken Fuchs, Dachs, Wiesel und Marder, Igel, Hauskatzen, Wildschweine. Großes und kleines Getier nistet sich ein – und verschwindet wieder. Und über die Jahre haben wir endlich erkannt: Hier würden wir weder Kartoffeln noch Tomaten oder Kopfsalat ernten. Auf diesem Waldboden wächst dafür, was hier wachsen möchte: Brombeeren, Himbeeren, Kletten, Brennnesseln, Frauenmantel, Weidenröschen, Schachtelhalm, Malven und Nachtkerzen, Sanddorn, Schlehdorn und Weißdornhecken, Stechpalme, Spitzwegerich, Bärlauch, Löwenzahn und Unzähliges mehr. Wilde Ernte.

Die Natur heißt uns hier immer wieder in Freundschaft willkommen und schenkt uns den Raum, gemeinsam voneinander zu lernen. Immer wieder erwische ich mich dabei, wie ich die Harmonie störe, wie wenig ich *wirklich* wahrnehme und noch viel weniger verstehe.

Doch wenn die Sonne untergeht, die Vögel ihr Lied singen, der Specht klopft und sich dieser tiefe Frieden ausbreitet, getragen vom Knacken der Äste und dem einzigartigen Duft der Bäume und Pflanzen, dem Geruch nach modrigem Holz, Gras und Blättern – dann ist es, als ob Atem von diesem Land und all seinen beseelten Wesen verströmt wird, und ich spüre, dass es in eine gute Richtung geht: Hier entsteht eine Insel, ein Naturgarten, dessen Seele nur darauf wartet, noch mehr mit unseren Seelen zu schwingen und von ihnen wahrgenommen zu werden. Es kann doch schlichtweg nicht die menschliche Aufgabe sein, uns zu plagen und zu schinden, um eine Erde in Ordnung bringen zu wollen, die schon längst ihre eigene Ordnung hat? Mehr und mehr wird mir klar, dass wir niemals aus dem Paradies vertrieben worden sind, sondern eigentlich mittendrin leben. Dumm daran ist nur, dass wir blind dafür geworden sind.

Ob die Klette in meinem Haar mich daran erinnern wollte mit ihrer Hartnäckigkeit, oder erzählte sie mir etwas von mir, die ich selbst manchmal wie eine Klette gewissen Ideen anhafte? Dass die Wühlmäuse mir einen Teil meiner Schneeglöckchen gelassen haben, muss ich hier um der Freundschaft willen auch noch erwähnen: Gewährten sie mir doch exakt die Hälfte des Kreises, in dem ich die Blumenzwiebelchen angepflanzt hatte – die andere Hälfte hingegen haben sie gefressen und verschleppt. Jeden Frühling begrüßen mich nun die Blümchen und überbringen die Grüße der Wühlmäuse: in Form einer Mondsichel.

Im Erd- und Ahnenreich

VERGÄNGLICHKEIT · TRANSFORMATION

Naturzeit:
Ende Oktober/Anfang November
Himmelsrichtung:
Nordwesten

Still ist es geworden, die Nächte werden länger. Nebel hängt über den kahlen Feldern. Die Krähen sammeln Nüsse und verstecken sie unter dem Laub für karge Zeiten. Bunte Blätter tanzen im Wind, breiten ihren raschelnden Farbteppich über die Wege aus. An Bäumen und Sträuchern glühen in Rot und Orange letzte Früchte und Beeren. Die feuchte Kälte kriecht in die Knochen. Jetzt ersehnen wir das heimische Feuer, den Rückzug in die eigene warme Seelenhöhle.

Im November beginnt die Zeit der Dunkelheit, nun wird das Licht bis zur Wintersonnenwende immer weiter abnehmen. Die Kraft sinkt hinab in die Erde, legt sich zur Ruhe. Vorbei ist die Erntezeit; jetzt gehört alles, was noch da ist, der Natur.

Vergänglichkeit und Abschied sind fühlbar, die Pflanzen zeigen uns Loslassen und Sterben. Wir gedenken unserer Verstorbenen, schmücken deren Ruhestätten mit Blumen und verbinden uns mit unseren Ahnenwurzeln. Es ist die Zeit des Rückzugs ins Wurzelreich, dem alles wachsende Leben entspringt und zu dem es auch wieder zurückkehren wird. Hier schließt sich der Kreis des Naturjahres, und hier beginnt er.

Schatten im Nebel,
entleerte Gehäuse,
Alte,
Weberinnen des Schicksals.

Ein Auge nur sieht trockene Karden,
das andere aber schaut hinter die Nebel.
Lässt die Seele erschauern
ob des Gelächters der Verblühten,
zurückgelassen im Nichts.

Im Fluss des Werdens
spinnen sie die Fäden,
fügen das Gewebe.
Jedem Leben
seiner Farbe gerecht.

Begegnung mit Seelengärtner Tilman Schlosser

»Es gibt keine Gebrauchsanweisung
für das Leben,
genauso wenig für den Garten.«

TILMAN SCHLOSSER

»Ich weiß nichts über Pflanzen!«, sagt er entschieden, während wir gemeinsam durch sein weitläufiges, offenes Gelände bei Stiefenhofen streifen. Und er meint es auch wirklich so – obwohl die von ihm im Westallgäu gegründete Gärtnerei *Artemisia Allgäuer Kräutergarten* längst weit über die deutschen Grenzen hinaus ein Geheimtipp geworden ist: Kräuterkundige und Interessierte aus allen Himmelsrichtungen sind in den letzten Jahren herbeigeströmt, verzaubert von der Ausstrahlung dieses Ortes. Tatsächlich herrscht hier eine besondere Stimmung, so als ob man die Pflanzen atmen hörte …

Wer in diesem Gelände ankommt, findet sich inmitten einer lebendigen, begehbaren Apotheke mit über dreihundert Heilkräutern wieder. Hier sind nicht nur eine Erholungsoase und ein Ritualort entstanden, sondern auch eine inspirierende Begegnungsstätte, ein Seminarort mit Teestube, Laden und biologischer Gärtnerei. Das Gelände ist jederzeit offen für alle. Was Tilman Schlosser und sein Team über knapp zwanzig Jahre hier zur Blüte gebracht haben, ist eindrucksvoll.

Doch so offen sich das prächtige Gartengelände gibt, so verborgen hält sich dessen Gründer. »Ich bin kein Gärtner, vielmehr sehe ich mich als Bewahrer und Impulsgeber«, sagt er, der seinen Schatz tief im Herzen verborgen hält: Tilman Schlosser ist das, was man einen »Kauz« nennt – und so sieht er sich auch selbst. Oft in seinem Leben konnte er sich den Menschen nicht erklären, folgte jedoch in aller Konsequenz seinen inneren Impulsen. Als ob er altes Wissen aus anderen Leben in sich hüten würde, für das er einen Boden im Jetzt zu bereiten hätte.

Paradies aus dem Nichts

Mit unglaublich viel Geduld und unermüdlichem Einsatz hat er trotz aller Unkenrufe auf diesem abgelegenen Hof vor 18 Jahren mit dem biologischen Anbau von Kräuterpflanzen begonnen und wurde rundum als Spinner belächelt. Umso mehr hebt man ihn heute aufs Podest, bezeichnet ihn als Kräuterweisen oder gar Schamanen, was ihm ganz und gar nicht behagt. Auch dass die Gärtnerei immer wieder als Kraftort, magischer Platz oder sogar Wallfahrtsort bezeichnet wird, geht ihm gegen den Strich: »Ich bin immer derselbe, egal welche Verkleidung mir übergestülpt wird, und dieses Stück Erde ebenso«, sagt er, der fest auf dem Boden steht, mit einer Stimme, die keinen Widerspruch duldet.

Und auch wenn es ihm keiner glauben wolle, so wisse er tatsächlich nichts über Pflanzen: Weder könne er sich merken, welche Inhaltsstoffe sie enthielten, noch wie ihr lateinischer Name laute, und was er über sie lese, vergesse er augenblicklich wieder. Zudem sei er eher ein Grobian und alles andere als ein sensibler Gärtner: »Ich turtle nicht mit den Pflanzen!« Und wie zur Bestärkung stapft er mit schwerem Schuhwerk durch den spätherbstlichen Garten, vorbei an Engelwurzscharen mit verdörrten Dolden, an alten Baumriesen und an einer Fülle von Indischem Springkraut, noch immer in prachtrosa Blüte mit süßlich-zitronigen Duft. Wie lebendig ist sie, diese Anlage.

Die Gärtnerei und die Treibhäuser mit den jungen Kräutern seien der Kindergarten. Hier würden die kleinen Pflanzen achtsam vom Samen zur Pflanze aufgezogen und in die Welt hinaus entlassen, wo sie dann wachsen und stark werden könnten, sagt

Tilman Schlosser. »Es ist gut, wenn die Leute Pflanzen zu sich holen und sich mit ihnen beschäftigen. Heilung beginnt dort, wo die Pflanze wächst. Heilwirkungen geschehen nicht nur über die chemischen Wirkstoffe einer Pflanze. Schon die Arbeit mit der Erde ist eine wichtige Sache.«

Auf dem weitläufigen Gelände stehen zahlreiche kleine »Hütten«. Sie entpuppen sich als liebevoll geschmückte Tempelchen, Orte der Einkehr. Ein jedes bildet in sich eine kunstvolle Ganzheit und ist in Energie und Ausdruck einzigartig. In allem, was Tilman Schlosser hier umgibt, erscheint er mir selbst wie ein Naturwesen. Er, der meist durch alle Jahreszeiten barfuß über Stock und Stein geht, wie ich später erfahre. Ein zum Menschen verzauberter Troll oder Zwergenkönig mit warmen, schalkhaften Augen, starken Händen und einem großen Herzen.

»Die Samen, die wir streuen«

Schauen wir zwanzig Jahre zurück. Bei strömendem Regen, aber tief durchwärmt von einem Saunabesuch, fuhr Tilman Schlosser durch die Allgäuer Hügel. Bei Stiefenhofen fiel ihm dieser alte »Bschütti-Hof« auf, ein zerfallendes Bauernhaus mit mehreren Hektar brach liegendem Land. »Ich fühlte eine starke Anziehung, musste einfach anhalten und aussteigen. Da war diese große, alte Linde hinter dem Haus und die Quelle oben am Berg … Es war, als ob der Geist des Ortes mich gerufen hätte. Vielleicht folgte ich ja auch ganz einfach meinem Seelenplan.« Er stapfte um den alten Hof herum und fühlte, dass hier gerade jetzt etwas zu Ende ging und etwas Neues begann.

Der gelernte Landwirt hatte genügend Ressourcen zur Verfügung, um das gesamte Anwesen zu erwerben. Seine landwirtschaftliche Erfahrung mit biologischem Gemüsebau verschaffte ihm eine gute Basis. Doch alles, was er damals konkret wusste, war, dass er hier biologische Heilkräuter anbauen wollte. »Ich fühlte aber, dass hier noch etwas anderes wachsen und sich entwickeln wollte, und das drängte mich zum Tun.

Zuerst pflanzte ich viele Bäume, das war ein ganz wichtiger Teil für mich. Bäume sind unsere Großeltern, die über viele, viele Jahre wachsen. Sie haben eine starke Verwurzelung in der Erde und eine Verbindung zum Kosmos und nehmen alles auf, oft über Jahrzehnte oder sogar Jahrhunderte. Sie tragen die Narben der Zeit und sind von großem Wissen, auch über unser Leben hinaus. Besonders gut zeigt sich ihre Wesenheit in ihrem kahlen Gerüst im Winter. Sie sind ein wichtiger Teil der Landschaft und haben große Bedeutung für die gesamte Umgebung.

Auf dem Gelände sollten Bäume ohne Nutzen wachsen dürfen. Lebensraum und Seelenraum durfte entstehen. Ein Ort, wo Pflanzen sich wohlfühlen, Tiere und Naturwesen ihren Platz haben und die Menschenseele Raum finden konnte zu atmen.« Wie Knospen im Frühjahr begannen sich die Bilder in seinem Inneren zu entfalten.

Die Kräfte entfalten lassen

Ihnen folgend pflanzte er Hecken und Baumgruppen wie kleine Familien, die zusammenstehen sollten. Dazwischen setzte er nach Gutdünken Heilpflanzen und legte einen großen Steinkreis an.

»Es kam, was kommen wollte, und wuchs, was wachsen wollte. Um Heilkräfte zu entfalten, brauchen Pflanzen mehr als einen Acker: Sie brauchen Wildnis, Insekten, Naturwesen …«

Was aber sind eigentlich Naturwesen? Sind es tatsächlich Elfen, Zwerge und Feen, Gnome und Trolle, oder entspringen diese einfach der Märchenwelt und unserer lebhaften Fantasie? »Für mich sind Naturgeister das Gefühlsleben der Erde«, sagte Schlosser. »Jeder Mensch hat dafür ein anderes Empfinden. Wenn ich draußen bin und emotional berührt, dann weiß ich: Jetzt bin ich

in Kontakt mit der Natur.« Für manche Menschen sei vielleicht ein Bild dafür eine Elfe oder ein Zwerg, für andere der Weltengeist in den Bäumen. Wieder ein anderer brauche Gottvater, der die Welt als seinen großen Garten bestellt.

»Ein beseelter und belebter Garten ist voller Naturwesen, die sich auch manifestieren können als Vögel, Schmetterlinge, Käfer oder Insekten und verschiedenste Tiere, die da leben dürfen und *beachtet* werden. Wir können Naturwesen nur mit unserem Herzen begreifen. Doch oft erscheint uns dieses Pulsieren im Herzen als zu wenig. Wir suchen im Außen, bei anderen Menschen, bei Gurus oder fremden Kulturen. Die Schamanen verschiedenster Völker haben uns zwar geholfen, zu unserem alten Wissen zu finden. Aber heute ist es angesagt, eigene Wege zu finden, auch eigene Heilpflanzen. Diese neuen Wege, die jetzt zu gehen sind, sind wenig spektakulär, da braucht es kein ›Theater‹ mehr …«

Garten als Spiegel

Zu Beginn entstand ein sehr persönlicher Garten, stark verbunden mit Tilman Schlosser. Doch er hielt sein Land immer offen für alle Menschen, die sich danach sehnten, mit der Natur in Verbindung zu kommen. Denn darum geht es dem Pionier und Seelengärtner. »Was ist Erde? So viel mehr als ein Klumpen Dreck! Doch wie gehen wir mit ihr um?« Durch biologischen und giftfreien Anbau drückt Schlosser seinen Respekt und seine Liebe zur Mutter Erde aus. Es gehe ihm dabei weniger um gesunde Ernährung, auch wenn das ein guter Nebeneffekt sei. Vielmehr sei biologisches Gärtnern ein Mittel, mit der Erde liebevoll und heilend umzugehen. Biologische Nahrungsmittel zu verwenden und Bioanbau zu fördern, heiße für ihn auch, die Erde »gesund zu kaufen«.

»Alles, was miteinander wächst, tauscht sich aus. Die Pflanzen bekommen genau mit, was wir brauchen. Pflanzen können sehr viel mehr als das, was in den Büchern geschrieben steht. Sie erinnern uns an unser Sein, an die Aufgabe, die wir in diesem Leben bekommen haben: Was ist unsere Bestimmung im Leben?«

Er selbst sei eher ein Eigenbrötler, es gehöre nicht zu seiner Stärke zu kommunizieren. »Mit den Pflanzen ist es für mich einfacher als mit den Menschen, denn in ihrem Ausdruck sind sie ursprünglich, elementar und archaisch: Meine Seele konnte sich mit den Pflanzen entwickeln. Ich bin voller Respekt, Demut und Dankbarkeit dafür, dass sie uns nähren, und zwar nicht nur auf der physischen, sondern auch auf der geistig-seelischen Ebene.«

Die Pflanzen wiederum hätten die Sehnsucht, gesehen und wahrgenommen zu werden, entsprechend ihrer speziellen Aufgabe. Tilman Schlossers Verständnis dafür entstand an diesem Ort, an dem er gelernt hat, Raum zu schaffen für Pflanzen und ihnen Beachtung und Wertschätzung zu schenken. »Etwas, das ich versucht habe, den Menschen zu vermitteln. Es geht auch darum, nicht mehr so selbstverständlich davon auszugehen, dass für uns Menschen alles einfach verfügbar ist. Je bewusster wir mit Pflanzen umgehen, umso mehr kann sich das alles entwickeln. Der Garten ist ein guter Spiegel dafür und gibt uns immer Antwort.«

Pflanzen sind Persönlichkeiten

Die Pflanzen im eigenen Garten wachsen zu sehen ermöglicht es, sich langsam mit ihnen anzufreunden. »Es ist besser, nicht zu viele Pflanzen zu haben. Ich selber bin bereits dankbar, wenn ich nur eine Pflanze im Jahr etwas tiefer verstehe. Es gibt nur wenige Pflanzen, mit denen ich wirklich eng verbunden bin, doch mit diesen wenigen Seelenpflanzen sind tiefe und echte Freundschaften entstanden.«

Auch wir Menschen können den Pflanzen etwas geben, ist sich Schlosser sicher: »Wir erinnern sic an ihre Aufgabe, uns zu nähren, zu heilen und einen Weg miteinander zu suchen. Pflanzen sind Persönlichkeiten, sie treten in eine persönliche Beziehung, wie das Menschen tun, die zu Freunden werden. Das sind ganz persönliche Geschichten, die sich nicht verallgemeinern lassen. Dafür gibt es keine Rezepte, so gern wir auch für alles eine Anleitung hätten.«

Längst nicht jede Pflanze ist für jeden Menschen gleichermaßen eine Heilpflanze. Sympathien spielen hier genauso eine Rolle wie in jeder Beziehung. »Pflanzen sind sehr mächtig. Man muss schauen, wie man damit umgeht. In was gehst du hinein? Wenn du in Bewegung bleibst, ist selbst Krankheit nichts Schlechtes. Pflanzen können uns in Bewegung und zur eigenen Heilkraft bringen. Doch dafür ist der persönliche Zugang zur Heilpflanze wichtig. Ich kann mich im Grunde genommen nur durch mich selber heilen. Doch ein wirklich guter Heiler, wie es Pflanzen sind, kann uns eine Brücke zur Heilkraft bauen.«

Dieser tiefe Zugang könne nur durch Innehalten entstehen und durch Hineinspüren in die Pflanze, die uns anspricht. Das sei in dieser schnelllebigen Zeit ein ernsthaftes Problem, denn stets fehle die Zeit. »Pflanzen können auf unglaublich vielen Ebenen mit uns kommunizieren. Aber sie holen dich immer da ab, wo du stehst, zeigen dir, was du jetzt gerade brauchst. Jede Pflanze ist ›psychoaktiv‹ – und das nicht nur über ihre Wirkstoffe, die etwas im Gehirn auslösen, sondern es beginnt auf viel feinstofflicherer Ebene. Und wenn du bereit bist, können deine Seelenpflanzen dir die Türen öffnen, sodass du in einer vertrauten Beziehung immer wieder etwas Neues erkennst.

Pflanzen nähren uns auf sehr vielseitige Weise. Ich selbst bin es, der ihnen dafür den Raum gibt in mir, sei es, dass ich meditiere, räuchere, einen Tee trinke oder nur über sie hinwegstreiche oder sie in Gedanken rufe …«

Wenn eine Blume mein Herz öffnet

Der Seelenraum einer Pflanze entstehe durch den natürlichen Anbau, das sei eine Sache. Gleichermaßen wichtig sei auch die Zeit vom Samenkorn bis zur Jungpflanze, das Wachsen. »Hier sind Kräfte am Wirken, die nicht nachweisbar sind und die Pflanzen um sich herum haben. Das Geistige im Verschlossenen sozusagen. Um wirklich mit einer Pflanze in Kontakt treten zu können, ist es entscheidend, authentisch zu sein – nur so kann ein gemeinsamer Weg beginnen. Es geht um ein ehrliches Gegenübertreten, um Berührung. Wenn ich eine Blume sehe, die mein Herz öffnet, so ist es für mich eine Heilpflanze.

Sag der Pflanze, was du von ihr möchtest. Erzähle ihr von der Heilkraft, die du dir von ihr wünschst, damit sie diese in sich sammeln kann.«

Mit diesem Bewusstsein solle man auch an die Herstellung von pflanzlichen Heilmitteln gehen: »Eine Kerze anzünden, die Pflanze mörsern, bewusst sein in der Absicht und ihr danken! Es ist sehr wichtig, die Pflanzen zu schätzen, zu ehren, sich in Dankbarkeit vor ihnen zu verneigen und nicht nur zu nehmen, nehmen und nehmen …«

Heilrituale

»Der Mensch selbst ist zentral in der Heilungsfunktion. Es ist wichtig, sich auch geistig bewusst mit der Pflanze zu verbinden, etwa singend ein Blatt in den Mund zu nehmen, den Namen der Pflanze zu rezitieren, sich in Gedanken dorthin zu bewegen, wo sie wächst.« Imaginationsreisen zu Pflanzen seien uralt. Klang und Musik können mit ihrer (hörbaren und fühlbaren) Schwingung helfen, mit der Pflanze in Verbindung zu treten.

Auf den Weg könne man sich auch machen, indem man einen Altar mit Pflanzen gestalte. Das sei ein kreativer Prozess, der Himmel und Erde bewusst mit einbeziehe und Türen öffnen könne zur intuitiven Verbindung mit der geistigen Dimension. Ein Heilungsraum auch, um Dank oder Bitte zum Ausdruck zu bringen. Der Kreativität sind dabei keine Grenzen gesetzt, wie man in Tilman Schlossers Tempelchen sehen kann. Auch begehbare Medizinräder, Pflanzenspiralen und besondere Wege und Durchgänge eröffnen auf seinem Gelände solche Heilräume.

»Wir dürfen dabei auch Fehler machen. Es ist niemals alles nur harmonisch im Leben. Wichtig ist nur, sich mit offenem und reinem Herzen auf den Weg zu machen: Wir haben vergessen, Vertrauen zu haben. Pflanzen fordern auf, das zu tun, was kommt, ohne nach einer Erklärung dafür zu suchen.«

Wie wir mit der Erde und ihren Wesen umgehen, zeige immer, wie wir mit uns selber umgehen. Heilend ist es, in eine liebevolle Verbindung zu gehen. *Artemisia* habe einen Raum geöffnet, in dem die Leute erfahren können, dass Pflanzen Vermittler sind zwischen Himmel und Erde.

Dem Garten vertrauensvoll begegnen

Doch was ist, wenn im Seelengarten Schnecken die Ernte zerstören, Wühlmäuse die Wurzeln fressen? Wie geht der erfahrene Gärtner damit um? »Auch die Wühlmäuse haben ein Recht, da zu sein. Wir sollten ihnen nicht mit Angst begegnen, sondern ihnen Raum geben, zu einem Miteinander finden. Dasselbe gilt für Schnecken. Was bewirken Schnecken auf dieser Erde? Sind sie nicht ein Spiegel für die Menschheit? Es steht uns frei zu entscheiden, wie viel Aufmerksamkeit wir ihnen geben wollen.«

»Leben lassen! Sich frei machen von der Angst!« Das ist der Weg, den Tilman Schlosser gehen will und den er auch in seinem Garten sucht. Im »großen« Garten, wo mehrjährige und ausgewachsene Pflanzen leben, hat er nie Schnecken abgesammelt. In der Jungpflanzenanzucht allerdings seien die *Artemisia*-Gärtnerinnen schon darauf bedacht, die hungrigen Tiere abzulesen und in den Wald zu bringen. »Wir haben genug Platz hier für Wildnis, das Land ist 13 Hektar groß, es gibt genug Raum für Ausgleich, da ist längst nicht alles bis auf den letzten Quadratmeter genutzt.« Großzügigkeit im Umgang mit dem Land und seinen Wesen sei beim Seelengärtnern ein wichtiger Teil.

»Der Garten gibt uns immer, was wir an Nahrung brauchen. Bei *Artemisia* sind viele kleine Äcker in die Wildnis integriert, auf denen es ›strenger‹ zugeht, dort wird auch eingegriffen und gejätet, wenn es allzu wild wird.« Es gehe nicht um Schwarz oder Weiß. Alles habe seinen Platz. Und jeder Mensch könne seinem Garten und seinem Platz auch auf seine persönliche Art und Weise begegnen und mit dem Garten eine vertrauensvolle Beziehung eingehen. »Wir können nichts ›falsch‹ machen. Pflanzen aber sollen in ihrer Wildheit, in ihrer Ursprünglichkeit wachsen können. Doch das alles braucht seine Zeit und muss sich zuerst einpendeln. Alles hat seinen Platz und seine Ordnung.«

Jede Pflanze hat ihre Zeit

Inmitten der Indischen Springkräuter sinniert er: »Pflanzen sind schon immer mit den Menschen gewandert. Diese eingewanderten ›invasiven Neophyten‹, die oft radikal bekämpft werden, sind eine wunderbare Winternahrung für die Bienen. Was heißt denn eigentlich ›heimisch‹? Was ist ›zu Hause‹? Diese Pflanze konfrontiert uns mit unserer eigenen expansiven Kraft, mit unserer inneren Wildheit, vor der wir Angst haben.« Für Tilman Schlosser hat jede Pflanze ihre besondere Aufgabe. »Ich stelle mich auf jede Pflanze ein, auch beim Ernten. Wann ernte ich zum Beispiel Zitronenmelisse? An einem schönen Sommertag am Morgen. Dann, wenn sie ganz in ihrem Blatt ist. Und wenn ich ein ganzes Feld ernten will, dann trete ich diesen Pflanzen mit Dank entgegen und lasse immer mindestens eine Pflanze wachsen, die alle Aspekte ihres Pflanzendaseins leben darf. Sie steht dann für die Mutterseele und trägt auch die Gruppenseele der ganzen Zitronenmelissengemeinschaft in sich. Diese ›Mamma Zitronenmelisse‹ ist eine Pflanze, die besonders hervortritt und sich mir als solche zu erkennen gibt. Pflanzen wachsen gerne für uns und werden auch gerne geerntet. Sie geben gerne Leben. Jede Pflanze hat ihre Zeit, so wie auch jeder Mensch.«

Wachsen mit allem, was wächst

Der Garten blüht, die Samen fliegen im Wind. Der *Artemisia*-Garten vermag ein Bewusstsein dafür zu vermitteln, wie der Mensch schon seit Urzeiten im seelischen Kontakt mit der Natur stand und wachsen darf mit allem, was wächst. Hier an diesem Ort sind inzwischen viele Menschen ein und aus gegangen, Wege haben sich gekreuzt, Ideen sind gekeimt und Impulse gesetzt worden. Im gemeinsamen Morgenkreis wird täglich in Stille der Tag begrüßt und um Verbindung mit den Pflanzen gebeten. Mehr als zwanzig Mitarbeiter und Mitarbeiterinnen berühren diese Erde täglich liebevoll mit ihren Händen. Alles hier ist Handarbeit: Säen, Pflanzen, Ernten, Trocknen, Verarbeiten … So wurde der Garten zum Seelengarten, so sind Heilräume entstanden, denn alles schwingt frei in seiner eigenen Energie, und das spüren auch die Besucher.

»Heute aber stehen wir mit dem Bewusstsein woanders«, sagt Schlosser. Er selbst spürt schon seit Längerem schmerzvoll, dass in seinem Leben einmal mehr Loslassen und Transformation angesagt sind. Es sei ungewiss, wohin der Fluss des Geschehens ihn ziehen werde … Dass aus seinem einstigen Pionierprojekt heute ein florierender Betrieb geworden ist, dass er die Verantwortung für zahlreiche Mitarbeitende trägt und für sich selbst entwickelnde Teilprojekte, das wird dem freiheitsliebenden Suchenden manchmal zur Last. Die organisatorische Seite eines solchen Großprojektes wiegt oft schwerer, als ihm lieb ist. »Mir geht es ja auch nicht nur um Pflanzen allein, sondern um die Erweiterung des Bewusstseins hinein in die feinstofflichen Ebenen.«

Seine geistigen Säulen sind Natur, Spiritualität und Kunst, in denen sich sein Bewusstsein immer wieder verankert. Eines seiner Herzensanliegen ist das Projekt »Heimathaus Weltengeist«, ein Ort der Begegnung mitten in Stiefenhofen, in dem er über 5000 selbst gesammelte Werke zu Naturspiritualität, Ritualen und Pflanzenwissen ausstellt, dazu unzählige Ritualgegenstände und zauberhafte Objekte. Das Gebäude ist sein erweiterter Seelengarten, eine Art ritueller Altar inmitten einer zutiefst bäuerlichen Umgebung. Hier trifft man sich zu Pflanzenbegegnungen, zum Räuchern, Geschichtenerzählen, Meditieren, hier können Menschen auch studieren und nach Belieben Zeit verbringen.

Einmal mehr hat Tilman Schlosser weiten Raum geschaffen, um suchenden Menschen geistige Zugänge zu ermöglichen. Er selbst fragt sich: »Was ist jetzt noch wichtig? Die Saat ist ausgebracht. Fast mein ganzes Leben lang habe ich gedient. Ich habe die Materie bedient und dabei versucht, den Geist mitzutragen. Jetzt gilt es loszulassen, auch das heißt Wachsen …«

Die Gespräche und Begegnungen mit Tilman Schlosser klingen noch jetzt in aller Lebendigkeit nach. Es ist nicht viel Zeit vergangen, seit wir gemeinsam durch den Garten streiften, an einem Feuer saßen, in die Dunkelheit lauschten und den Herbst nahen spürten. Das waren unsere letzten Treffen.

Es erfüllt mich mit Schmerz, diesem tiefgründigen und großherzigen Menschen nie mehr so begegnen zu können: Vor wenigen Tagen hat er diese Daseinsebene bewusst verlassen und seine immerwährende Reise angetreten.

Möge sein Saatgut ruhen in der Stille der Erde, mit der erstarkenden Frühlingssonne aufgehen und in den Herzen der Menschen erblühen.

(Im März 2016)

Seelenpflanzen von Tilman Schlosser

Engelwurz (Angelica archangelica) – Erde und Himmel verbinden

»Die Engelwurz ist eine prägnante Pflanze. Kaue ein Blatt und du wirst sie spüren in ihrem klaren, herben Geschmack.

In ihrer Zweijährigkeit ist sie ein guter Spiegel für die Verbindung von Erde und Himmel: Im ersten Jahr bildet sie eine starke Wurzel und zeigt uns so, dass es zuerst gilt, auf der Erde gut an- und zurechtzukommen. Im zweiten Jahr schickt sie dann ihre Triebe hoch in den Himmel hinauf. Erst nach einer guten Verwurzelung kann man sich wirklich mit dem Geistigen verbinden. Sie blüht in Dolden, die nichts anderes sind als Kugeln, mit denen sie das Kosmische in Form von Samen wieder zur Erde bringt. Im Samen ist alles drin, die ganze Information. So hilft sie uns, das Kosmische zu materialisieren, die Eingebungen, die wir von ›oben‹ bekommen, in die Materie umzusetzen.

Die Engelwurz ist eine Pflanze, die uns sehr gut zur Kraft des Herzens bringt. Ihr Tee ist anregend und hilft beim Verdauen – auch seelischer Dinge, die wir im Alltäglichen erleben. Er hilft, Geistiges auf die Erde zu bringen, im Sinne von: ›Du erlebst, was für dich gut ist.‹ Die Pflanze unterstützt und beschützt dich in deinem Prozess. Die Wurzeln sind als Tee oder Räucherung verwendbar, das Blatt (einjährige Pflanze im Herbst) als Tee, die Samen als Räucherung.

Die Engelwurz vermittelt schon durch ihre Erscheinung ein archetypisches Bild, sie ist eine Urpflanze und Schutzpflanze. In ihr finden verschiedene Ebenen zusammen und ergänzen sich stimmig. Sie stärkt unser Immunsystem und gibt uns Kraft, den Stürmen dieser Welt standzuhalten. Engelwurz begleitet uns, auch wenn wir sehr gefordert werden.«

Alant (Inula helenium) – Freiraum zum Atmen

»Der Alant ist ein Choleriker, mächtig und groß, ein fleischiger Korbblütler, Sinnbild für die Sonnenkraft und den Mars. Er wird je nach Art bis zu zwei Meter hoch, und sein Wurzelstock ist sehr groß. Allein durch sein Erscheinungsbild ist er eine Pflanze, die uns Raum gibt, die Innen und Außen bewegt, die Kraft gibt zu atmen. Der Alant ist tatsächlich auch wichtig für die Atemwege. Er gibt uns die Kraft, *die* Luft zu atmen, die wir brauchen.

Die Pflanze verwildert leicht, nimmt sich ihre eigenen Plätze und schafft dadurch auch wieder Raum für Naturwesen und Elementarwesen. Für mich ist sie eine Meisterpflanze, denn sie stärkt das Bewusstsein, man selbst zu sein. Jede Blüte wächst langsam, eine um die andere geht dann spiralförmig auf und nimmt sich ebenfalls ihren Raum.

Ich selbst bin ein dunkler, schwerer Mensch, in Schattenwelten lebend, doch stets auf der Suche nach Licht. Der Alant bestärkt diese Suche mit seiner besonderen Energie, seiner tiefen Zufriedenheit, von der er aus seinem Urgrund heraus erfüllt ist.

Die Wurzel ist wunderbar zum Räuchern, sie vermittelt mir schon über Jahrzehnte hinweg, an meinen Lebensthemen dranzubleiben, hilft, durch die beim Räuchern freigesetzte Heilkraft meine Körperfunktionen zu aktivieren, und ist mir ein wunderbarer Begleiter. Die tiefen Wurzeln erinnern daran, uns in dieser Welt zu verwurzeln, wo immer wir stehen, und uns dort auch die eigene Luft – sprich: den eigenen Raum – zu nehmen.«

Beifuß (Artemisia vulgaris)

»Der Beifuß ist eine uralte Pflanze und schafft Verbindung zum kollektiven Unterwusstsein, im wahrsten Sinne des Wortes war er stets ›bei Fuß‹ der Menschheit. Sein ritueller Gebrauch ist in der ganzen nördlichen Hemisphäre bekannt. Der Beifuß hilft, Überflüssiges loszuwerden, wirkt reinigend und öffnend. Man kann ihn räuchern oder als Tee trinken. Er öffnet das Scheitelchakra und lässt einen geschützten Raum entstehen.

Die Pflanze ist auch eine Geburtshelferin, aber längst nicht nur für die Frau; sie hilft, die Dinge ins Leben zu bringen. Für mich ist sie die Mutter aller Heilpflanzen, und nach ihr habe ich deshalb auch den Betrieb genannt.«

Eisenkraut (Verbena officinalis)

»Eisenkraut ist eine uralte Pflanze, die rituell verwendet wurde. Man kann aus ihr kleine Besen binden und damit Räume und Umgebung energetisch reinigen: Eisenkraut hilft, Altes loszulassen, rituelle Plätze zu reinigen, Klarheit reinzubringen und den alten Muff rauszuräumen. Die Pflanze schafft Platz für Neubeginn und gibt Gelassenheit. Ihr kleines Blütchen zeigt, wie man bei sich bleiben und innerlich zur Ruhe kommen kann. Ihre Sperrigkeit gibt ihr diesen eigenen Raum und Schutz. Eisenkraut gibt den Mut weiterzugehen, bringt Segen und macht aus der Mitte heraus stark. Die Pflanze ist ein Diplomatenkraut, die Verbündete, die einen durch jeden Prozess begleitet.« Eisenkraut sei nervenreinigend bei starken Belastungen und bringe Klarheit. »Eine sehr feine Pflanze, kraftvoll, selbstbewusst und gleichzeitig bescheiden. Es ist auch ein Traumkraut auf anderen Ebenen und begleitet uns sicher durch unsere Träume. Aus dem gekochten Tee lässt sich auch ein sehr gutes Putzwasser machen, um damit Räume zu klären und zu reinigen.«

Königskerze (Verbascum)

»Auch sie ist eine zweijährige Pflanze, die zuerst eine Rosette bildet. Sie öffnet eine Blüte nach der anderen, bleibt bei sich, behält ihr Licht, ihr Rückgrat. Sie zeigt mir, wie ich bei meiner Kraft bleiben und mein eigenes Licht entwickeln kann. Manchmal scheint sie mir ein bisschen einsam zu sein. Es ist berührend, wie sie unzählige winzige Samen bildet, von denen nur wenige aufgehen. Sie strahlt in empfindlichem Gold, trägt ihr Lichtzepter. Ein Ölauszug aus den Blüten kann ins Badewasser gegeben oder als Massageöl über die Haut aufgenommen werden – das wirkt entspannend, kühlend und beruhigend.«

Auferstehung

DAS INNERE LICHT ERWECKEN · WIEDERGEBURT DES LICHTS

Naturzeit:
Wintersonnenwende
21. Dezember
Himmelsrichtung:
Norden

Dunkelheit legt ihren Mantel über die Erde und lässt alles Lebendige in tiefen Winterschlaf sinken. Im Wurzelreich schlummert die Pflanzenkraft, ruht mit ihren Samenkindern in der frostkalten Erde. Es ist die Zeit der Innenschau und des Erträumens all dessen, was wird. Bäume, Sträucher und Stauden verharren still, kahl wie Gerippe stehen sie in der Landschaft, jedoch tief verbunden mit dem ewigen Kreislauf des Werdens und Vergehens. Mit klammen Fingern greift Väterchen Frost nach allem, was lebt. Das Licht der Sonne nimmt nun täglich weiter ab, bis zur »Talsohle« des Jahres, an der wir die längste Nacht und den kürzesten Tag erleben: die Wintersonnenwende.

An diesem Tiefpunkt des Sonnenstandes hilft nur das Vertrauen ins Werden. Jedes Jahr aufs Neue erleben wir die zunehmende Sonneneinstrahlung dankbar als eine Wiedergeburt des Lichtes, das unsere Welt nun täglich ein bisschen länger erhellt. Aus der ersterbenden Glut des Lebensfeuers entfacht sich immer und immer wieder ein neuer Funke und mit ihm die Hoffnung auf neues Leben und Gedeihen. Die Samen tragen diesen Funken der Hoffnung und des Vertrauens in sich. Das ist ihr kostbarer und stiller Wintertraum.

Mantelumschirmt
träumt sich
die Kraft.
Erzählt
furchengerillt
von Zeit und Gezeiten.
In einem Körper
voller Stille,
nahe der Ewigkeit.

Begegnung mit Seelengärtner Frank Brunke

»Die Pflanzen,
wo immer ich sie erblicke,
sind für mich
Anker der Liebe.«

FRANK BRUNKE

Bevor ich Frank Brunke kennenlernte, sind mir seine Pflanzenfotografien begegnet. Fast atemlos betrachtete ich diese Bilder, durch die mir die Pflanzen als Geschöpfe entgegenkamen; fühlend, lebend und atmend. Die Ausstrahlung und Wirkung der Pflanzen entfaltete sich auf diesen Fotografien in einer Weise, die mir das eigentliche Wesen der Pflanzen zugänglich machte, die ihr Seelisches schwingen ließ und damit gleichzeitig meine Seele in Schwingung versetzte. Ich war begeistert. Was musste das für ein Mensch sein, der es verstand, die Pflanzen so lebendig zu fotografieren, als ob sie ihm ihr geheimes Einverständnis gegeben hätten, ihre Seele der Welt zugänglich zu machen?

Hinter den sieben Bergen

Als ich Frank Brunke und seine Familie viel später in ihrem Zuhause im Allgäuer Kreuzbachthal besuche, ist alles tief verschneit. Das Tal liegt im Schatten inmitten von Fichtenwäldern im Winterschlaf. Bald werde am Mittag die Sonne wieder für kurze Zeit durchs Stubenfenster reinschauen, versichert mir Frank Brunke. In der Vase auf dem Fensterbrett leuchtet zart eine Rose, Zeugin des Versprechens. Bitterkalt ist es draußen. Das Feuer im Ofen flackert, Wärme breitet sich aus.

Frank Brunke sitzt auf dem Sofa, sein Blick schweift hinaus, bleibt an der noch jungen und unbeschnittenen Thuja hängen, die ungeachtet des Schnees ihr tiefes Grün bewahrt und streng und still vor dem Fenster wacht. »Thuja, der heckenbeschnittene Schrecken aller Gärtner«, spottet er, »doch sie hat mich dazu gebracht, mich mehr und mehr mit ihr anzufreunden.«

Viele Stunden saß Frank Brunke in letzter Zeit hier. Hinter ihm liegt eine schwere Krankheit mit riskanten Operationen, noch sind sein Gehvermögen und sein Sehfeld eingeschränkt. »Alles ist im Werden«, sagt er, der sich ganz in den Fluss des Geschehens gibt. »Es ist eine andere Ebene, auf der ich jetzt mehr sehe. Man verpasst nie eine Gelegenheit des liebevollen Sehens.« Die Tage erscheinen unendlich auf diesem Sofa, doch auch sein Zeitempfinden hat sich verändert: »Stunden sind längst keine Stunden mehr, sie sind weite Räume, die keine Zeit beinhalten. Mein Ziel ist es, nichts mehr zu müssen. Frei zu sein.«

Im Buchenwald

Wie nahe sind ihm noch die Bilder und Gerüche aus der Kindheit. Die Spaziergänge mit der Oma im Buchenwald, die Leberblümchen und blühenden Buschwindröschen … »Dann war da diese besondere Pflanze, die so anders war als andere Pflanzen. Den Augenblick werde ich nie vergessen, als ich sie wahrnahm. Ihre Blüten waren grün, ich glaubte, ihren Geruch fast schon aus der Ferne zu riechen. Es war die stinkende Nieswurz, die mir als Winzling zum ersten Mal begegnete und die ich zutiefst wahrnahm in ihrer Art zu sein. Sie war die erste Pflanze in meinem Leben, die ich in ihren Eigenschaften gesehen habe oder vielmehr ›schaute‹, ohne zu ›wissen‹. Ich empfand sie als giftig. Erst viel später konnte ich diese Eindrücke bewusst nachvollziehen.«

Von da an haben die Pflanzen ihn immer begleitet. »Immer wieder besuchte ich ›meine‹ Nieswurz dort oben im Wald, und es erfüllte mich mit Freude, sie zu sehen.« Der brennende Kinderwunsch, dereinst Boas in Südamerika zu erforschen, verflüchtigte sich immer mehr, während der Bub die hiesige Pflanzenwelt und ihre Lebensräume erkundete, Molche, Eidechsen, Ringelnattern und Käfergetier beobachtete und in die kleine Welt eintauchte. »Stets hatte ich im Genick einen Sonnenbrand«, erinnert er sich schmunzelnd.

Damals habe er erstmals die »Gärten der Natur« erkannt, eine Sicht, die ihn später nachhaltig in seinem Beruf als Gartengestalter prägte. »Anhand der wilden Pflanzen konnte ich beobachten, wie sie zusammenleben, wie sie miteinander sind, jung sind, aufwachsen, altern … Dieses lebendige Zusammenspiel habe ich als ›Garten‹ wahrgenommen. Da gab es hohe und tiefe Pflanzenebenen, Farben aller Art, Trockenes und Abgestorbenes, alles bildete miteinander eine Einheit, die ich als vorgegeben, ›gemacht‹ und in meinem Inneren als vollkommen empfunden habe.«

Lebensräume erkennen

Als er älter wurde, erwachte zunehmend der Forscher in ihm – und mit ihm das immer genauere Differenzieren. »Ich versuchte, den Lebensraum der Pflanzen zu erkennen, indem ich Boden-, Licht- und Feuchtigkeitsverhältnisse betrachtete. Immer besser gelang es mir, die Pflanzen und den ihnen wirklich entsprechenden Lebensraum wahrzunehmen.« Die wichtigsten Fragen, um diese stillen Wesen zu verstehen, sind für ihn: Wie lebt diese Pflanze? Was ist ihr natürlicher Lebensraum? Was braucht sie?

»Für manche Pflanzen, vor allem für ausländische oder auch gezüchtete, ist der ideale Lebensraum oft der Garten. Sie haben sich dort angepasst, wo sie seit Generationen sorgfältig gehegt und gepflegt werden. Andere Grünlinge wiederum machen sich davon und verselbstständigen sich: etwa die Neophyten, welche die freie Wildbahn problemlos erobern.«

Frank Brunke drängte es, diese stille grüne Welt zu begreifen: »Was erlebt diese eine Pflanze gerade jetzt und hier? Und was erleben die anderen ihrer Art irgendwo anders?«

Impuls der Natur

Nach verschiedenen Stationen und einigen Jahren Arbeit als Landschaftsgärtner gelang es ihm, seine Leidenschaft als selbstständiger Gartengestalter umzusetzen. Doch alles wuchs langsam. Nach getaner Arbeit trieb ihn sein brennendes Interesse, unzählige Bücher zu studieren oder manchmal gar mit der Taschenlampe vor der Haustür rumzurennen, um etwa Primeln genauer zu bestimmen … Doch Frank Brunke ist mitnichten »nur« ein exzellenter Pflanzenkenner botanischer Feinheiten. Das Gelernte koppelt er stets mit seinen Beobachtungen und gefühlten Erlebnissen draußen in der freien Natur.

Jegliche Gartengestaltung gründete bei ihm in den feinen Naturbeobachtungen und Impulsen, die er seit seiner Kinderzeit in sich gespeichert hat. »Naturgärten oder Wildkräutergärtnereien gab es vor rund dreißig Jahren kaum. So sammelte ich Samen in der Natur und zog einen Großteil der heimischen Wildpflanzen an, die ich dann passend zu den Gärten verwendete.«

Den eigentlichen Impuls für die Gestaltung der Gärten übermittelten ihm der Boden, das Gelände und das Licht vor Ort.

»Phasenweise war ich sehr stur. Es kam immer wieder vor, dass ich Aufträge konsequent ablehnte, weil die Kundschaft nicht bereit war, den Bedürfnissen der Pflanzengesellschaft Raum zu geben, oder Arten wünschte, die nicht hinpassten.« Er sei schon wie ein König des Gartenreichs aufgetreten, erinnert er sich, und freute sich immer sehr, wenn man ihm Gestaltungsfreiraum gab. »Es ist in gewisser Weise das Ziel eines jeden Gärtners, die Welt neu zu erschaffen …« Das passte aber nicht jeder Kundschaft, entsprechend schmal konnte dann das Einkommen sein. Auch Wind und wochenlanger Regen in der Hochsaison konnten ihn behindern und taten schließlich das Ihre dazu, selbst auferlegte Zwänge zu lockern.

»Ein gezüchtetes weiß gerandetes Salomonssiegel öffnete mir mit seiner Schönheit und Zartheit den Horizont für exotische Formen. Dank dieser berührenden Begegnung begann ich, mich mit den Eingriffen des Menschen in die Natur zu versöhnen. Ich begann, Brücken zu schaffen zur ›großen‹ Natur, in die auch der Mensch mit seinen Handlungen eingeschlossen ist.«

Frank Brunke hat über zwanzig Jahre lang selbst Gärten gestaltet und dabei nicht nur sehr viel über die Pflanzen, sondern auch über die Menschen gelernt: »Es kam immer wieder vor, dass sich die Auftraggeber fast ein wenig entlarvt fühlten, weil sich in ihrem Garten und ihren Gestaltungswünschen ihr Seelenleben für mich zu spiegeln schien.«

Mit dem inneren Blick gärtnern

»Mir ging es immer darum, den Garten mit dem inneren Blick zu bearbeiten. Das heißt, die Bedürfnisse der Pflanze in mir zu fühlen. Etwas, das manchmal auch wegführen kann von den Bedürfnissen des Menschen.« So habe er versucht, komplette Pflanzenkombinationen aus der Natur zu übernehmen. »Vielleicht ist es eine grundlegende Eigenschaft des Menschen, dass er den Schöpfer immer wieder imitieren will …«

»Wenn ich eine Pflanze in meinen Garten einlade, so wird sie auch Teil meiner Kultur. Gebe ich ihr Platz in meinem Inneren, dann bin ich eher in der Lage, den ihr entsprechenden Platz auch im Äußeren zu finden.«

Intensität sei ein Charakterzug von ihm. »Wenn, dann gerade richtig – das ist mein Lebensmotto. Wenn ich mich mit dem Enzian befasste, dann gleich mit so vielen Arten wie möglich, die ich miteinander verglich und studierte. Die Differenzierung des ›Vielen‹ hat mich stets angetrieben und mir neue Erkenntnisse geschenkt. Gleichzeitig mit dem Drang, möglichst viel über die Pflanzen zu wissen, habe ich immer eine unglaublich starke Liebe zu ihnen in mir gefühlt.« Seine Sichtweise darauf, was dieses »Viel« wirklich bedeute, habe sich heute stark verändert. Inzwischen könne alles und auch ganz wenig »viel« sein, es sei ein »Hintereinander und Übereinander im Raum«, das sich täglich neu zu zeigen vermöge.

Von der Gebärde der Pflanze

Er nehme vor allem die »Gebärde« der Pflanze wahr. Das führe ihn immer mehr von allen Pflanzennamen weg, von allem Vergleichen und Spezifizieren. »Der Mensch empfängt die Gebärde unmittelbar, ohne dass die Blume oder das Gras sie eigens für ihn macht. Jede Pflanze hat ein Gebärdenmuster, das sie im Laufe ihrer Entwicklung befolgt. Nehmen wir zum Beispiel eine Rose kurz wahr, schließen dann die Augen und lassen sie in uns hineinwirken, so spüren wir, dass ihre Gebärde eine Ewigkeit ist. Die Gebärde der Pflanze ist für jeden eine andere, doch immer ist da etwas Ewiges, ist da auch Liebe.«

Wenn er seinen Blick in einer Wiese schweifen lasse, dann spiegele sich in ihm zuerst das Kollektive der Pflanzen; erst später halte er aus einem Gefühl heraus Ausschau, um etwas zu entdecken, nehme Licht, Farbe, Helligkeit wahr. Mit dem Differenzieren trete er auch in persönliche Beziehung, die zu größerer Tiefe führe. »Während die eine Pflanze vielleicht mehr zum Licht geht und noch jung ist, neigt sich eine andere bereits zur Seite, eine weitere ist vielleicht verletzt oder behindert – und blüht trotzdem. Man sieht sich immer selbst durch die Pflanze. In ihrer Gebärde können wir uns selbst finden.

Pflanzen bieten uns eine unglaubliche Vielfalt, wenn wir sie erkennen. Jeder Mensch reagiert auf seine ganz eigene Art darauf und gibt der Pflanze ihren Platz in seinem persönlichen Leben. Die Pflanze drückt das aus, was der Betrachter empfindet: Trauer, Hoffnung, Freude, Alter, Vergänglichkeit – durch sie können wir unser Seelenmuster verstehen.«

Mit Pflanzen wachsen

So gingen unsere grünen Begleiter ganz in ihrem dienenden, einfachen Dasein auf, ohne etwas dafür zu verlangen. »Was wir durch die Pflanze beim Betrachten erleben, lässt sie uns über uns selbst lernen. Die Pflanzen, die uns im Laufe des Lebens begegnen, uns wichtig sind, uns wieder verlassen, können uns erzählen, wie wir selbst wachsen und uns verändern. Pflanzen verbinden uns ganz stark mit dem Fluss des Lebens.« Ihre eigentliche Seele aber sei weit weg, überirdisch und im Geistigen beheimatet.

Sie sende uns ihre äußere Gestalt, lasse sich von uns beschreiben und erkennen und lasse uns dabei unermessliche Möglichkeiten offen. »Ich habe noch immer nicht genug Sichtweisen. Was uns als Pflanzenseele erscheint, ist unser inneres Bild, das wir von ihr haben. Doch die menschliche Seele weiß auch um Verborgenes. So spüren wir sehr genau, dass eine Pflanze unzählige Wirkungen haben kann, die noch nicht erkannt worden sind. Diese Wirkungen sind immer auch von Mensch zu Mensch verschieden.« Ein Grund, warum Frank Brunke sich oft von gängigen Heilkräuterbüchern eingeengt fühlt: »Solche Bücher verhindern es, Neues zu entdecken und eigene Sichtweisen und Zugänge zu entwickeln. Es ist der einzelne Mensch, der die Pflanze in sich zulässt und ihr den Raum gibt, in ihm zu schwingen. Wenn wir diesen Raum beengen – wie soll sie dann ihr ganzes Potenzial ausdrücken können?«

Kraft der Bilder

Besonders eindrücklich sind für Frank Brunke jene lichten Momente, in denen er sich von Pflanzen unverhofft »nur so gestreift« fühlt. Es sind Begegnungen, die er sogleich wieder vergisst, die aber zutiefst in ihm haften bleiben und später in aller Klarheit wieder im Bewusstsein auftauchen. »Diese Bilder wirken unglaublich stark, sie lassen mich die Pflanze innerlich intensiv fühlen und erleben. Jeder Mensch hat unendlich viele Bilder in sich, ein wahres Wunderwerk, dessen man sich kaum bewusst ist. Jedes innere Bild hat ein äußeres Bild, jedes äußere Bild ein inneres Bild.« Das könne etwa der Moment unter dem Baum sein, an dem Fichtenspitze an Fichtenspitze sich leicht abhebe, nach außen strahle und gleichzeitig in die Seele wirke … Bilder sind für ihn Hilfe auf dem Weg.

Mit der Kamera betreibt er diese Art von Sehfähigkeit, versucht immer wieder, das innere Wesen der Pflanzen zu empfinden und es in seinen Aufnahmen zu manifestieren. »Oft habe ich Stunden oder Tage bei einer Pflanze verbracht, bis sich ihr Wesen in einem gewissen Licht zeigte und die Pflanze dem entsprach, was ich in mir empfand.« Manchmal sei es nie dazu gekommen, und er sei ohne ein einziges Foto wieder abgezogen.

Es sei das innere Bild, welches heile, indem durch das Bild Friedvolles entstehen könne – zwischen dem Betrachtenden und dem Betrachteten. »Natürlich ist es mein Blick, das Bild von der Pflanze ist mein Gefühl, es ist in diesem Sinne abgelöst von ihr.« Seien aber die inneren Bilder durch Begegnung und Erfahrung belebt, so könnten sich die Pflanzen als heilende Wesenheiten wie von selbst zeigen.

Stilles Schauen

Während er mir von jener besonderen grünen Nieswurz erzählt, die ihm einmal im frühen Frühjahr auffiel, weil eine ihrer Blüten so tief hing, wird diese Blume unverhofft vor mir lebendig, und es ist, als würde ich mit ihm vor dieser Blume stehen: Immer wieder habe er diese eine Blüte betrachtet, deren Blüteninneres verdeckt war.

»Eines Tages hockte eine dicke Wespenkönigin auf der Blüte. Sie war trunken vom Nektar, hatte Mühe, sich überhaupt noch auf den schiefen grünen Blütenblättern festzuhalten.« Nur kurz hatte er seine Aufmerksamkeit abgewandt, doch als er das seltsame Schauspiel weiterbetrachten wollte, war die Königin verschwunden. Bis er entdeckte, dass sie sich komplett in die Blüte hinein verkrochen hatte, wo sie sich mit ihren Kieferzangen festklammerte. »Mitten in der Blüte blieb sie nun mehrere Nächte, nur am Tag flog sie auf ihre Erkundungsflüge. Das konnte ich bei Nieswurzblüten immer wieder beobachten. Das schützende Herz dieser Pflanze scheint für die Wespenköniginnen eine ideale Bleibe zu sein, wenn sie im frühen Frühjahr ihr Winterversteck verlassen und noch keinen guten Ort gefunden haben, um das Nest für ihren neuen Stamm zu bauen.«

Diese Gabe der feinen Beobachtung eröffnet einen Blick in kleinste Welten, die sich immer weiter entfalten und Eintrittstor ins Reich der Pflanzenwesen sein können. Meist »schaut« Frank Brunke die Pflanzen für sich in aller Stille, ohne etwas von ihnen zu wollen. Sie begleiten ihn, nähren seine Seele und sein alltägliches Sein. Wer mit ihm über Pflanzen spricht, erfährt nicht nur viele Details über Art und Lebensweise der grünen Wesen, inklusive lateinischer Namen, Vorkommen und Verwandtschaften. Der Pflanzenliebhaber nimmt ihn auch mit in einen immensen Garten und eröffnet ungewohnte Sichtweisen auf eine Welt, in die sich nur selten jemand so sehr vertieft, um sie zu erkunden und gleichzeitig zu erfühlen. Er ist der geistige Gärtner eines riesigen Seelengartens, der mit keinem Gartenzaun zu ermessen ist.

Seelenpflanzen von Frank Brunke

Die vielgesichtigen Nieswurz-Verwandten (Helleborus, Christrose)

»Die bekannteste Nieswurz-Art ist die weiß blühende *Christrose.* Sie wird paradoxerweise *Helleborus niger,* also *Schwarze Nieswurz* genannt – dies wegen ihrer schwarzen Wurzeln. Durch ihre Fähigkeit, im eisigen Winter zur Blüte zu kommen, ist sie sehr beliebt. Die Kälte kann diesen erstaunlichen Pflanzen nichts anhaben, und selbst durch die Schneedecke strecken sie verwegen ihre Blütenköpfe: ein Lichtblick in der dunklen Jahreszeit. Durch das leuchtende Weiß ihrer Hüllblätter ist die *Schwarze Nieswurz* ein blühendes Symbol für die Geburt des Christkindes geworden und wird gerne zu Weihnachten verschenkt.

Doch Vorsicht, diese Pflanze hat viele Facetten. Sie ist etwas Besonderes, das sich abhebt von den anderen, etwas Außerordentliches. Warum blüht sie zu dieser Unzeit? Man kann darauf wetten, dass alle Pflanzen, die den Jahresreigen verlassen und eigenwillig aus der Reihe tanzen, nicht bekömmlich sind. So sind sämtliche Arten von *Helleborus* in allen Pflanzenteilen stark giftig und können in Extremfällen sogar zum Tod führen. Doch gleichzeitig tragen diese Pflanzen in sich das Vermögen zu heilen: Es ist die Dosis, die das Gift ausmacht.

Die Nieswurz-Freundin meiner Kindheit ist die *Helleborus foetidus (Stinkende Nieswurz,* Foto Seite 67). Sie hat keine weißen Hüllblätter wie die Christrose, sondern grüne mit rötlichem Rand. Schon als Kind erschienen sie mir wie rote Frauenmünder, und diese roten Lippen an der Pflanze beeindruckten mich sehr. Sie haben eine starke Signalwirkung, etwas Verführendes.

Welch stattliche Pflanzen mit ihren hellgrünen Stängeln und ihren grünen Blüten! Wie eine Lichtquelle wirken sie, das Einzige, das ganz früh im Jahr im kahlen Wald schon Farbe trägt. Je geschützter die Lage ist, desto früher blühen sie.

Die wilden Helleborus-Arten wachsen an verschiedensten Orten der Welt und kommen in vielerlei Lebensbereichen zurecht. Allen Arten gemeinsam ist, dass es sich bei dem, was wie äußere Blütenblätter wirkt, eigentlich um die Hüllblätter handelt. Das ist der Grund dafür, dass sie nicht abgeworfen werden und die Blüten so lange haltbar sind. Wenn die innere Blüte verblüht ist, vergrünen die Hüllblätter ebenfalls, und die Pflanzen öffnen ihr Köpfchen nach oben, um jetzt mehr Licht einfangen zu können. Zu diesem Zeitpunkt sind sie bereits bestäubt und müssen sich nicht mehr gegen den Regen schützen. Dann wird auch der Standort durch austreibende Bäume mehr beschattet. Die Vergrünung bietet mehr Fläche, um das Licht aufzunehmen, und wirkt so der Verdunkelung entgegen. Die Pflanze hilft sich selber, indem sie sich verwandelt.

Diese Pflanzenart ist immer als Erste da in einer kahlen, winterlichen Umgebung. Sie zeigt den Beginn des neuen Kreislaufes und das wachsende Leben an. Ihr ist eine gewisse Entschlossenheit im Auftreten eigen, eine Deutlichkeit, die es einfach macht, diesen Pflanzen zu begegnen, obwohl sie auch Tod bringen können. Die Pflanze vereint diese Gegensätze harmonisch in sich. Die Pflanze hat einen klärenden und ordnenden Einfluss und erinnert in ihrer Schönheit an die beiden Pole der Schöpfung.«

Der Buchenwald

»Die Buche wächst gerne in Gesellschaft, am liebsten in einem riesigen Waldnetzwerk. Haben Buchen sich nicht durch langsames Heranwachsen ans Licht gewöhnt, sondern kommen plötzlich frei zu stehen, etwa wenn ihre Baumnachbarn gefällt werden, dann führt dies einen langsamen Tod herbei, der wie ein Verbrennen anmutet, auch wenn das von außen vorerst nicht sichtbar ist. Als Wald schützen sich Buchen gegenseitig vor dem Lichteinfall und bilden mit ihren Kronen eine Art soziales Dach. Oft findet sich beim genaueren Hinschauen bald die große Mutterbuche, welche die kleineren Bäume ihrer Art um sich schart. In allen Buchenwäldern finden sich solche Mutterbäume – sie sind die Urahninnen des Waldes, die Bewahrerinnen, von denen alle anderen Bäume abstammen, die sich ebenfalls durchsetzen konnten. Für den Unterboden lassen Buchen nicht so viel übrig, ihre Wälder sind eher artenarm. Der Buchenwald ist typisch mitteleuropäisch. Die Bäume wirken ernst und gesammelt, doch sind sie sehr empfindlich.

In Wäldern und Parks werden Buchen immer wieder mit Verletzungen geplagt. Ihre zahlreichen Vernarbungen erzählen Geschichten, bewahren sie doch Inschriften und Zeichen für lange

Zeit. Manches Herz mit Pfeilen und Namen habe ich schon mit Buchen wachsen und altern sehen, mit ihnen Hoffnungen, Kummer und Träume der Menschen. Der Baum lässt diese Ritzungen ergeben zu, trägt die Botschaften der mit ihm gealterten Menschen, schließt die Wunden und bewahrt die Geschichten.

Als Kinder fütterten wir die Maikäfer, die wir gesammelt hatten, mit jungen Buchenblättern; noch heute erinnere ich mich an den Geruch der langsam erschlaffenden Blättchen und des Käferkots in der Schuhschachtel, die wir unter dem fühlingsgrünen Dach des Buchenwaldes wie einen Schatz hüteten.

Die Bucheckern im Spätsommer waren mühsam zu sammeln und zu öffnen, doch ich liebte es, sie zu essen. Diese dreikantigen Nüsse stecken meist zu zweit in einer ebenfalls verholzten, rauen und fast stacheligen Hülle. Die Buche setzt sehr viel Masse ein für die Umkleidung zum Schutz ihres Samens. Der Samenbecher platzt im Verlauf der Reife auf, und die Nüsse fallen zu Boden, die Hülle folgt später. In der glatten Innenseite des Samenbechers und der Samenoberfläche zeigte sich mir wieder die Glattheit des Stammes.«

Erwachen

FRISCHE · KLARHEIT · ERNEUERUNG

Naturzeit:
Vorfrühling · Anfang Februar
Himmelsrichtung:
Nordosten

Noch ist es Winter, doch schon werden die Tage spürbar länger. Das Licht nimmt mit jedem Tag zu. Die Luft ist kalt und klar, die Welt ist wie reingewaschen, und in frischem Kleid breitet sich eine jungfräuliche Schönheit über die Landschaft. Stürme fegen hinfort, was alt und morsch geworden ist und keine Lebenskraft mehr in sich trägt für neues Werden.

Schon wagen sich erste grüne Spitzchen aus dem Boden, es ist die Zeit des Keimens. Schneeglöcklein klingt, weckt alle, die noch schlafen, tief versunken im Wintertraum. Pelzige Weidenkätzchen tummeln sich in den ersten Sonnenstrahlen und schenken ihre willkommene Nahrung den hungrigen Bienen, die an etwas wärmeren Tagen bereits ausfliegen. Noch braucht es Beharrlichkeit, doch die Verheißung des erwachenden Frühlings lässt Keimendes zum Licht sprießen und mit ihm die Hoffnung auf die Kraft des Lebens.

Ein Tropfen nur
aus Sonne und Eis.
Erschaffen aus Klarheit.
Geschöpft aus dem Quell
der Frische.

Begegnung mit Seelengärtnerin Regula Mathies

»Pflanzen können wir nur durch Hingabe und Demut verstehen.«

REGULA MATHIES

Ihr erster inniger Pflanzenfreund war ein Blumenkohl. »Ich spürte diesen Blumenkohl, fühlte, was er will, sprach mit ihm und stand mit ihm in einer intensiven Beziehung. Er dankte es mir, indem er wuchs und wuchs. Er wurde so riesig, dass unsere fünfköpfige Familie dreimal davon essen konnte, nachdem ich ihn geerntet hatte.«

Überhaupt schien alles, was Regula Mathies schon als Mädchen pflanzte, unglaublich zu gedeihen. Sie erinnert sich an ihr erstes eigenes Beet, das sie als Schulkind im botanischen Garten bepflanzen durfte: »Wir alle mussten Sonnenblumen pflanzen, ansonsten aber durften wir frei experimentieren.« Schon damals fiel es auf, dass die Blumen in ihrem Gärtchen fast in den Himmel wuchsen. Man habe ihr helfen müssen, sie mit Bohnenstangen zu befestigen: »Ich freute mich wahnsinnig! Der Garten war mein Freund. Die Samen und Setzlinge hielt ich wie lebendige Wesen in den Händen. Ich habe immer mit ihnen gesprochen und ihre Antworten wahrgenommen. So fragte ich sie: ›Wo wollt ihr hin? Wo möchtet ihr wachsen?‹ Und sie haben mit mir gesprochen, ihre Antwort habe ich in mir gefühlt.«

Regula Mathies ist in einem Wohnblock aufgewachsen, aber sie hatte Eltern, die das Gärtnern und die Natur liebten und jedem ihrer Kinder ein Beet im Schrebergarten anvertrauten.

Schon früh wurde sie in die Natur »geführt«. Es sei ihr Seelenweg, dass sie von inneren Themen, von ihrer inneren Natur angehalten werde, in die äußere Natur zu gehen. »Ich ›höre‹ viel. Damit ich diese Botschaften verstehe, werde ich von der geistigen Welt geführt und erhalte meine Bewusstseinsschulung von der Natur, die nicht manipulierbar ist. Die Natur wirkt als Schutzengel. Und jede Pflanze hat eine heilende Aufgabe für uns Menschen. Wenn die Pflanzen zu uns sprechen, spricht die Schöpfung zu uns.«

Die innere Natur freilegen

Lange Zeit hatte Regula Mathies das vage Gefühl, mit ihr stimme etwas nicht. Von Kindheit an war sie immer wieder dafür belächelt worden, wenn sie ihren unerklärlichen Eingebungen Ausdruck verliehen hatte oder ihnen vertrauensvoll gefolgt war. So bemühte sie sich, diese Wahrnehmungen für sich zu behalten, die Regeln der Gesellschaft zu befolgen und nicht aufzufallen.

Sie absolvierte eine kaufmännische Lehre, arbeitete in der Reise- und Werbebranche und gründete mit ihrem Mann eine Familie. Ein heftiger Bewusstseinsschock veränderte die Richtung ihres Lebens unwiderruflich und half ihr, ihre »innere Natur« zu befreien.

Es war ein ganz normaler Morgen. Sie wickelte gerade ihre vier Monate alte Tochter. »Plötzlich konnte ich meinen linken Arm nicht mehr bewegen, mein Bein trug mich nicht mehr, und die Zunge fühlte sich lahm an. Meine linke Seite war komplett ohne Gefühl, und ich sank zu Boden.« Ihr Mann alarmierte sofort die Ambulanz. »Während ich im Spital untersucht und durchleuchtet wurde, empfand ich meine linke Seite wie verschlossen. Ich lag gelähmt auf dem Behandlungstisch, meine innere Natur aber war hellwach und heil. Es durchfuhr mich: Wenn ich diese Kraft jetzt nicht befreie, ist es für mich gelaufen.«

Wie ein Theater kam ihr die Geschäftigkeit im Spital vor. Mit ihrer Präsenz ging sie nun ganz nach innen und pumpte die Kraft, die sie immer mächtiger in sich pulsieren fühlte, in ihre Glieder. Die Ärzte fuchtelten derweil mit Folien vor ihr herum, erzählten von einem Blutgerinnsel in der rechten Hirnhälfte, doch das alles kam ihr ganz irreal vor. Sie konzentrierte sich nur noch darauf, diese gefühlte innere Kraft ins Fließen zu bringen. Ihr wurde klar, dass es jetzt um Heilung ging und nicht um Symptome. »Plötzlich kribbelte es in meinem Körper, und ich konnte Zehen und Finger wieder bewegen.« Kurz darauf verließ sie gesund das Spital.

Wer Augen hat, der schaue …

Dieser Vorfall hat ihr Leben grundlegend verändert. Es folgten enorme private und geistige Umwälzungen. Nach ihrer Scheidung schulte sie gezielt ihre Wahrnehmung und vertiefte sich in die Bereiche Gesundheit, Energie und geistiges Heilen. »Das hat mir geholfen, die vorhandene Kraft zu kanalisieren.« Seit 2011 hat sie nun eine eigene Praxis, in der sie ihre angeborenen Begabungen gezielt einsetzen kann, um Menschen zu ihrer inneren Natur zu führen. Sie hat die Fähigkeit der Telepathie und der Hörmedialität und kann dank ihres Kontaktes mit natürlichen Wesenskräften, wie sie es nennt, Heilwissen vermitteln und heilende Energien lenken.

»Wir alle tragen die Ursprünglichkeit in uns. Wie innen, so außen. Die Pflanze ist ein Seelenwesen und kann uns helfen, den Bezug zu unserer eigenen Ursprünglichkeit zu finden.« Jede Art von manifestierter Energie habe eine Seelenkraft: Bäume, Pflanzen, Felsen, Steine, Elemente … Je tiefer das Bewusstsein, desto achtsamer könne der Mensch damit umgehen. Ganz im Sinne von: »Wer Augen hat, der schaue. Wer Ohren hat, der lausche …«

Sie nehme die Heilenergie und Kraft wie ein Katalysator auf. Wenn diese nicht durch ihre Hände und ihr Herz weiterfließen könnten, würde es ihr richtig heiß, und oft bekomme sie dann an ihren Händen sichtbare Bläschen. »Meine Hände sind wie ein Duschkopf: Sobald ich mich mit der Energie verbinde, beginnen sie zu strahlen.«

Stets überlässt sie es der göttlichen Führung, wie intensiv sie jemanden behandeln soll. »Nicht jede Seele und jedes Problem braucht gleich viel Nahrung. Ich spüre auch so die Schwingung des Systems und werde geleitet bei der Einschätzung, was angesagt ist. Ich werde selbst fortwährend von der geistigen Welt geschult. Das sind immer wieder auch große persönliche Herausforderungen: Das Leben fragt nicht, was du willst. Es traut dir das zu, was du zu lernen hast.« So habe sie das Wesentliche stets vom Leben selbst gelernt. »Es ist die Mystik des Lebens, die mich streng, aber liebevoll begleitet und die uns allen in ihrer unendlichen Fülle zur Verfügung steht, wenn wir uns ihr nur öffnen.«

Gartenglück

Wer die Verbindung zur inneren Natur verloren habe, sagt sie, dem fehle auch die Verbindung zur äußeren Natur. In einer materiellen Kunstwelt glaube der moderne Mensch, die Schöpfung lenken zu können. Es brauche Mut, anzuhalten und sich zu fragen: »Wer bin ich? Woher komme ich?« Wind, Bäume, Pflanzen, Tiere können uns Antworten vermitteln. Und wie damals als Mädchen in ihrer liebevollen Beziehung zu ihrem Blumenkohl, so fragt Regula Mathies auch heute noch jede Pflanze, die sie säen, setzen oder auch nur in ihrer Wohnung platzieren will: »Wo möchtest du hin?«

Und sie lauscht der Antwort der Samen und Setzlinge, die ihr klare Botschaften geben, welche sie als Resonanz in sich vernimmt. So herrschen bei ihr immer wieder »findhornähnliche«

Zustände: Zwischen Haus und Straße wuchert der Wermut riesig und verholzt – »Wermut, diese starke Schutzpflanze!« –, Tomatenpflanzen werden zu zwei Meter hohen Bäumchen und klimmen am Haus empor. Im einstigen Schrebergarten, den sie mit ihrem Mann bestellte, erntete das junge Paar massenweise Kartoffeln. Das »Anfängerglück«, das die alteingesessenen Schrebergartennachbarn ihnen verwundert zugestanden, wollte aber auch in den folgenden Jahren nicht schwinden …

»Mein Geheimnis ist es, die Pflanzen als Lebewesen wahrzunehmen, mit ihnen zu sprechen und sie als meine Freunde im Garten willkommen zu heißen.« Es sei, als ob man ein Kind bekleide, mit ihm plaudere und es liebkose. Wenn sie einen der Pflanze entsprechenden Ort gefunden habe, grabe sie ein Pflanzloch, streue liebevoll Steinmehl hinein und rede der Pflanze gut zu, sie möge hier prächtig gedeihen und wachsen.

Immer wieder hat sie auch klare Botschaften bekommen, dass bestimmte Nachbarschaften von den Grünlingen nicht geschätzt werden: »So wollte die Petersilie partout nicht neben dem Schnittlauch wachsen. Es sind spontane Eingebungen, die sich später beim Vergleichen mit gängigen Pflanztabellen immer wieder bestätigt haben. Es entspricht meinem Wesen, dass ich alles handfest nachprüfen will.« Die Natur habe ihr gerade auf diese Weise immer wieder festen Boden gegeben und das Vertrauen in ihre geistigen Wahrnehmungen gestärkt.

Schutzengelpflanzen

Auch mit den *Un*kräutern sei es eine lustige Sache. »Bei den Erdbeeren wuchs immer ein Kraut, das den Erdbeerpflanzen absolut ähnlich ist. Doch als ich es als vermeintliches Unkraut entfernte, gediehen die Erdbeeren weniger gut. Offensichtlich brauchten die beiden Pflanzen einander.« Die Natur organisiere sich eben selbst. Wenn wir eingreifen und solche Pflanzen entfernen würden, sei es, als ob wir die Pflanzen von ihren Schutzengeln trennten. »Immer wieder konnte ich beobachten, dass gewisse Kräuter in Gemeinschaft leben und einander gegenseitig stärken. So war bei den ›nutzbringenden‹ Kräutern oft ein sogenanntes Unkraut anzutreffen. Fortan ließ ich stets einen Teil dieser ›Schutzengelkräuter‹ stehen, denn ohne diese Pflanzen gediehen die anderen tatsächlich weniger gut.«

Doch auch hier stelle sich die Frage der Balance. Man könne nicht alles nur wachsen lassen, wenn man auch noch selber etwas ernten oder sich gar davon ernähren wolle. »Im Gemüsegarten herrschte bei mir darum immer eine klare Ordnung, dort habe ich auch rigoros gejätet. Bei den Blumen und Kräutern aber durfte es wild sprießen, da kreuchte und fleuchte es, da war mein freier Abenteuergarten.«

Anders als im menschengemäß gestalteten Schrebergarten wachse im Seelengarten alles da, wo es nach der kosmischen oder göttlichen Ordnung hingehöre. So herrsche dort nur scheinbar ein Chaos im Vergleich zum klassischen Schrebergarten, der ein verstandesmäßig angelegter Garten sei.

Schattenwelten

Wie überall, so gebe es auch im Garten ein Schattenreich. »Wenn Schnecken meine Pflanzen fressen, Läuse an den Rosenknospen kleben, Kohlhernie – ausgelöst durch einen Parasiten – meine ganze Ernte zerstört, so trifft mich das tief im Herzen. Ich habe bis heute nicht verstanden, damit umzugehen.« Sie habe versucht, mit diesen Wesen zu sprechen, habe Eierschalen ausgelegt, Schneckenzäune aufgestellt – alles vergeblich. »Gewisse Viecher sind einfach nur frech!«, sagt sie energisch, und das habe sie hin und wieder auch wirklich wütend und hilflos gemacht. Doch sie habe nie eine wirklich befriedigende Lösung für dieses Problem gefunden.

»Die große Zahl dieser Schädlinge zeigt eben auch, wie vieles auf dieser Erde aus dem Gleichgewicht gefallen ist. Das schädliche Element hat große Macht auf diesem Planeten. Dass über den Regen zudem Schadstoffe herunterkommen, macht die Böden auch nicht besser und bringt Ungleichgewicht in den Mikrokosmos des Gartens. Auch das unberechenbare Wetter spielt beim Gedeihen der Pflanzen mit. *Im Garten siehst du alles, was ist!* Das kann manchmal sehr ernüchternd sein, denn schließlich ist der Garten ja auch unsere Existenzgrundlage.«

Eine absolut gesunde Ernährung aus dem Paradiesgarten, wie viele sich das erträumen, sei heute nicht mehr möglich. »Umso wichtiger ist es, unseren Geist gesund zu ernähren und diese Gesundheit auch auszustrahlen. Den Geist können wir gesund erhalten, indem wir ihm Zeit geben zu verdauen. Das heißt, immer wieder auch *nichts* zu tun, einfach anzuhalten, zu *sein*.«

Ein gesunder Geist signalisiere dem Körper genau, was er an innerer und äußerer Nahrung brauche. Regula Mathies verlässt sich bei ihrer Ernährung ganz auf die innere Wahrnehmung: »Nahrungsmittel müssen schwingen – mithilfe dieses Bewusstseins kaufe ich auch ein. Manchmal haben selbst Bioprodukte keine gute Schwingung, und etwas anderes ist vielleicht im Moment besser. Egal was auf dem Etikett steht, es kommt immer auf die Energie an: Sie wirkt bereits im Samen, beim Aussäen, Aufziehen, Pflegen, Ernten, aber auch in der Erde, Umgebung und so weiter – das ist sehr vielschichtig.«

Geschenke aus der grünen Welt

Der Garten sei für sie eine große Heilerfahrung. Im Garten könne sie ganz sie selbst sein und beobachten, was innen und außen geschehe. Das Beobachten der äußeren Natur heile die innere Natur. »Vor allem, wenn innere und äußere Natur miteinander schwingen.«

»Mein Auftrag ist es, Menschen an ihren Ort zu begleiten, Pflanzen ebenso. Ich rede mit allem, und alles redet mit mir. Ich bin wie ein Kind, das immer wieder in die Natur geht, um sich zu schulen. Hier bekomme ich immer Antworten, denen ich mich aber auch nicht entziehen kann, denn sie müssen verstanden und umgesetzt werden. Die Natur ist nicht manipulierbar, doch sie ist immer in Bewegung. Wie sie im Werden ist, so ist sie auch im Sein. Ich nehme das Leben, wie es so an mir reibt … beobachte das genau, was offenbar heilt.« Das heiße für sie heute auch, dass sie sich keinen Tee und keine Tinktur mehr herstellen müsse, um diese Heilwirkung zu erfahren. Vielmehr gehe es darum, die heilende Schwingung der Natur auszuhalten und aufzunehmen, etwa einen Baum anzuschauen und in dessen Energie zu bleiben. Es sei eine Schulung darin, im Jetzt zu sein.

So betrachtete sie zum Beispiel eines Tages die Hecke ihres Gartens, fühlte eine leichte Ungeduld und wurde daraufhin von der Hecke zum Blättchenzählen aufgefordert. »Nach dem fünfzehnten Blättchen bekam ich einen Lachanfall und verstand: Wenn diese feine Schwingung von der Natur kommt, dann braucht es die Geduld, bei mir in meiner inneren Natur zu bleiben und zu vertrauen, gleichzeitig die äußere Natur wahrzunehmen in ihrem Sein. Dieser Zustand bedeutet für mich Heilung.«

Wie jede Seele hätten auch Pflanzen eine Melodie, nur fänden wir oft keinen Zugang dazu und sähen sie als stumme und unbewegliche Wesen. »Wenn ich die Pflanzen jeweils anspreche und ganz unbekümmert Hallo sage, vor allem ›Danke, dass ihr da seid‹, ist es mir, als würden sie aus einer Art Versteinerung erwachen. Ich meine damit nichts Spektakuläres, sondern das stille Verstehen und Integrieren der schöpferischen Natürlichkeit. Es ist das Augenmerk aufs Unspektakuläre, das das Große eröffnet.«

Dass dabei eine gewisse Kindlichkeit und Unbeschwertheit hilfreich ist, scheint für Regula Mathies selbstverständlich zu sein. Ihre Zweifel, den rationalen Ansprüchen der Welt gerecht zu werden, hat sie schon länger abgelegt. Sie ist von einer schelmischen Verspieltheit, die sich unverhofft in Stille und Tiefe umkehren kann. Als ob sich das Wechselspiel des Lebens in ihrer Seele widerspiegele.

Geben und Nehmen

Die verschiedenen Pflanzen sprechen auch ganz verschiedene Ebenen im Menschen an. So erfährt Regula Mathies durch die Bäume immer wieder eine Schulung in Standfestigkeit. »Sie haben ihren stark ausgeprägten, körperlich sichtbaren Charakter. Sie stehen zu sich und manifestieren die ›bäumigen‹, die großartigen Dinge, wie sie sich über die Jahre auch im Menschen abbilden können. Blumen hingegen bewegen mit ihren zarten Vibrationen die Seelenebene. Sie sprechen durch ihre Schönheit und

Anmut und erwecken unsere Träume. Blüten und Blumen ›holen uns ab‹. Durch ihren Duft und ihre Farben sprechen sie uns an, und intuitiv gehen wir auf bestimmte Farben zu.« So habe sie schon oft erlebt, dass etwa Menschen mit Traumatisierungen im Bereich des Sakralchakras intuitiv auf orangefarbene Pflanzen reagieren würden. »Und Gemüse nährt uns nicht nur körperlich, sondern auch geistig. Da stellt sich mir immer wieder die Frage: ›Was nährt uns wirklich?‹«

Sie bemühe sich darum, nicht nur vom Garten zu zehren, sondern ihn auch zu nähren. »Wir nähren den Garten, indem wir glücklich sind, dass wir auf diesem Stück Erde wirken dürfen. Und diese Liebe kommt wieder zurück. Das ist auch das urweibliche und urmännliche Prinzip. Wenn dies im Fluss ist, schwingt die Seele des Gartens, dann gibt es Befruchtung, dann trägt der Garten reiche Ernte. Gartenarbeit ist für mich keine Arbeit, sondern Muße. Der Garten beschenkt mich, und ich beschenke den Garten. Es ist ein Geben und ein Nehmen.«

Immer wieder fallen ihr unverhofft Botschaften zu: »Nimm Erdbeerblätter!« Und sie heilt mit diesem gänzlich unüblichen Mittel ihre Blasenentzündung. »Ich habe auch schon seltsame Namen vernommen, die ich nicht einordnen konnte. Als ich dann überall nach deren Bedeutung rumstöberte, fand ich heraus, dass es sich um alte Begriffe für Pflanzen handelte, wie sie in der Volksheilkunde vorkommen. Begriffe, die ich vorher noch nie gehört hatte.« In der Natur bekomme sie immer Antworten. »Die uns nahestehenden Pflanzen sind verbunden mit unseren Lebenskräften. Mein Heilpflanzenwissen habe ich nicht aus Büchern. Ich habe Zugang über das Seelenwissen. Es braucht den Mut, direkt in diesen Seelenkontakt zu gehen und dadurch spontan zu lernen.« Über ihre Hörmedialität vernimmt sie Botschaften der sie umgebenden Pflanzen und lässt sich vertrauensvoll von ihnen schulen. Immer wieder erlebe sie Beispiele der persönlichen Liebe, des Loslassens, Verzeihens, Vertrauens …

»In meinem Kräutergarten erfahre ich von jeder Pflanze, wie sie mir dient. Vor einiger Zeit noch habe ich für mich und meine Klienten Pflanzenessenzen hergestellt. Die Rezepturen dafür sind einfach so ›von oben heruntergekommen‹. Sie waren ein Teil meines Schulungsprozesses, um mich in Vertrauen zu üben.

Es gab eine Zeit, da war ich umgeben von Frauenmantel. Mit seiner Hilfe durfte ich mein Frausein heilen, er schenkte mir Geborgenheit und Schutz, zeigte mir mit göttlicher Einfachheit, wie der ›Tautropfen‹ in seinem Schoß er selbst sein darf. Einfach da sein, empfangen, ohne festzuhalten. Auch wir Frauen dürfen wieder offen sein, alles darf fließen, weggehen …

Oft musste ich Pflanzen auch zurücklassen, weil sie da hingehörten, wo sie wuchsen. Pflanzen sind nicht mein Eigentum. Wenn du umziehst und sie nicht mitnehmen kannst, dann brauchst du sie auch nicht. Immer wieder habe ich mich bei Pflanzen bedankt und sie verabschiedet. Auch wenn ich Pflanzen ernte, frage ich, ob ich dies darf, und erkläre Sinn und Zweck. Ich gehe mit Pflanzen so um wie mit Menschen.«

So glaube sie zu spüren, dass Bäume, die man ohne zu fragen absägt, wie unter Schock stehen. »Wohin geht der Baum, wenn er gefällt wird? Die Wesen, die auf dem Baum wohnen? Der

Baum ist ihr Heiler, ihr Beschützer, ihr Lehrer, ihre Heimat. Er hat eine Aura. Das alles liegt in der Verantwortlichkeit des Baumfällers. Manchmal erscheint es mir so, als ob gewisse Gärtner ihren Zorn und Frust über die Welt an den Schwächeren auslassen, an den Pflanzen.«

Aus ihrer Sicht unterschätzen die Menschen oft das Wesen der Kräuter und Bäume. Die Natur sei mehrdimensional, so wie auch ihre Wesen: der Mensch, die Tiere und die Pflanzen. Es werde einem Heilmittel nicht gerecht, wenn man ihm nur diese oder jene Wirkung zuschreibe. Denn jeder Mensch habe wieder andere Elemente in sich, was auch die Wirkung von Pflanzen verändere – so könne zum Beispiel Pfefferminz bei der einen Person kühlend, bei der anderen aber wärmend wirken. »Pflanzen laden immer ein ins jetzige Sein.« Sie habe die Pflanzen ganz stark als Schutz und Wahrhaftigkeit erfahren. »Je wahrhaftiger du bist, desto wahrhaftiger kannst du die Pflanze anschauen.«

Danke!

Dabei sei es auch sehr wichtig, für die Geschenke der Pflanzenwelt zu danken. »Danken, dass ich aus dieser Fülle schöpfen darf. Indem ich diese Fülle und diese Bereitschaft der Pflanzen, uns zu dienen, wahrnehme und wertschätze, kann ich sie erst wirklich empfangen. Die Pflanze lehrt, nährt und dient uns. Selbst in ihrem Welken und Sterben dient sie der Erde als Dünger und Nahrung. Für mich ist das Wort ›Danke‹ ein Schlüssel, der den Zugang eröffnet zu dieser großen Kraft.« Die Natur sei da, um uns zu helfen, ins Bewusstsein und zur Schöpfung zu kommen.

»Mutter Erde ist schlichtweg Demut und Liebe. Doch mit unserer eigenen Liebe und Demut können wir heute nicht mehr gut umgehen, wir zerstören die eigene Natur, innen wie außen. Natur ist Schwingung. Mit diesem Bewusstsein wird der Mensch erst näher an die Pflanze herangeführt. Wir wollen aber stets ›haben‹ und ›verstehen‹. Ärzte lernen am Kadaver. Sie sezieren und analysieren Pflanzen, um sie in ihrer Kraft zu erfassen und zu beschriften. Die Natur kann man aber nicht auf diese Art besitzen. Wir können nur teilhaben daran, nichts archivieren.« Durch jede Art von Missbrauch wie Vergiften, von Gott abgewandte Alchemie, Magie oder Bereicherung schade man sich nur selbst. »Die Pflanze *ist*. Und sie zeigt auch, was ist.«

Wirkung und Bewusstsein

Die Erde sei ein Brennpunkt, auf dem »die Post abgehe«. Als Seele hätten wir die Möglichkeit, Gefühle, Materie, Zwischenmenschliches zu erfahren – auch in ihren Abgründen. Regula Mathies erinnert sich immer wieder bewusst an unsere ganzheitliche Seelenherkunft: »Jedes Wesen ist frei und kann Zugang finden zu Kraft, Liebe und Wahrheit. Die Natur spiegelt diese Harmonie der Schöpfung. Wenn sich eine Pflanze dafür entscheidet, eine gewisse Heilqualität herzugeben, will sie uns darauf hinweisen, etwas zu heilen. Wie wir damit umgehen, ist unsere Sichtweise. Ist sie Lehrer? Heiler? Freund? Will sie uns beschützen?

Eine Pflanze kann mehrere Rollen einnehmen. Die Brennnessel zum Beispiel kann uns beschützen, heilen, entgiften und etwas lehren – etwa mit der Botschaft: Du musst nicht alles haben!« Die Wirkung einer Heilpflanze hänge stark mit unserem Bewusstsein zusammen, je nachdem wirke auch die Schöpfungsnatur von Mensch zu Mensch anders. »Die Schöpfung redet anders mit mir, wenn ich die innere Natur pflege.« Nichts, was geschehe, könne außerhalb der Schöpfung stattfinden.

Selbst die Pharmaindustrie habe ihre Berechtigung. Es gebe Menschen, die hätten sich so weit von der Natur entfernt, dass sie die reine, natürliche Heilkraft kaum mehr ertragen würden. »Antidepressiva zum Beispiel können das Bewusstsein komplett zudecken, und unter ihrem Einfluss kann es für einen Menschen schwer sein, Pflanzenheilkräfte direkt aufzunehmen. In solchen Fällen hat die Synthetisierung ihren Sinn.«

Doch Regula Mathies ist sich sicher, dass die Natur sich in den kommenden Zeiten für alle erfahrbar bewegen wird, sodass der Mensch wieder zu seiner eigentlichen Natur finden kann und ein gegenseitiges »Handreichen« möglich sein wird. »Sind wir als irdisch inkarnierte Seelenwesen innerlich in Harmonie, dann wird auch die äußere Welt harmonisch. Das Bewusstsein ist der Ursprung aller Dinge.«

Menschen sind auch Pflanzen

Das Heilen in den Schwingungsstrukturen der Natur sei schwierig, es gebe immer mehrere Ebenen. Arzt, Ernährung, Bewusstsein, das alles spiele eine Rolle. Bis sich ein Krankheitssymptom in der Materie verankere, habe es eine lange Geschichte. »Pflanzen bewegen Vorgänge, die sich noch im Mentalbereich befinden. Krankheit ist Verletzung, Brand, sie braucht die Feuerwehr.

Die Seele kommt in Bedrängnis, sodass sie dem Körper viele Botschaften schickt. Es ist ideal, dass es so viele verschiedene Heilmethoden gibt, die zum Zuge kommen können, wenn jemand in Bedrängnis geraten ist.« Oft kämen wir durch eine Krankheit in den Opfermodus und hätten nur noch das Ziel, uns helfen zu lassen. Doch wichtig sei das Bewusstsein, wie es so weit gekommen sei. Denn heilen könne sich der Mensch nur selbst.

»Auch ein Heilkraut kann – genauso wie ein Heiler – nur begleitend wirken. Menschen sind auch Pflanzen. *Es geht darum, sich das Heilwerden selber zuzutrauen. Genauso können wir auch der Pflanze zutrauen, dass sie uns heilt.* Dabei ist es in erster Linie wichtig zuzuhören, worum es geht, nicht einfach nur zu wollen, dass es weggeht.«

Das Wesentliche an Pflanzen könne man nicht erfassen, es sei wie das Leben ein Mysterium. »Es kann uns nur beschenken, wenn wir es dankend annehmen. Pflanzen können wir nur durch Hingabe und Demut verstehen. Die Natur ist pure Liebe.

In allem ist diese Liebe, im Werdenden, im Welkenden, in der ganzen Schöpfung.

Vielleicht brauchen wir als Menschen die Distanz zur Schöpfung und zu Gott, um absolute Nähe zu erfahren, um zu erkennen, dass wir Teil der Natur sind, Teil dieses Seelengartens, in den wir auch durch ein Zusammenspiel von Erfahrungen, Erinnerungen, Gefühlen und Erlebnissen eingebunden sind und der sich vor unseren Augen sichtbar manifestiert.«

Seelenpflanzen von Regula Mathies

Mistel (Viscum album) – vom Dunkeln zum Licht

»Die Mistel ist für mich eine geheimnisvolle Pflanze, die stark mit Magie, Schamanismus und Druidentum verbunden ist. Sie erzählt von der Dunkelheit, die erhellt werden will.

Sie wächst als Halbschmarotzer auf Bäumen und Sträuchern und ist stets ›oben‹, nahe beim Licht, und kann alles überschauen. Gleichzeitig wächst sie gut getarnt im Verborgenen, erst im Winter wird sie sichtbar, wenn ihr Wirtsbaum die Blätter verliert und sie als grüner Ballen auf den Ästen thront.

In der Energie dieser Pflanze fühle ich mich wohl und zu Hause. Sie ist giftig und hat gleichzeitig große Heilkraft, mit der sie alles wegzunehmen vermag, was nicht dazugehört. Das ist die Arbeit, die ich auch mit Menschen tue … Wäre ich eine Pflanze, so wäre das die Mistel, die in dieser irdischen Welt Lehrer ist und Erinnerer. Sie symbolisiert für mich das, was ich bin.«

Fliegenpilz (Amanita muscaria) – Tor zur Anderswelt

»Der Fliegenpilz gilt bei einigen Völkern als das materiell gewordene göttliche Fleisch, das den, der es isst, mit der spirituellen Welt verschmelzen lässt.

Für mich ist er vor allem wunderschön mit seinem roten Hut und den weißen Punkten, und er steht für Spielerei und Fantasie, verbunden mit glücklichen Kindheitserfahrungen. Da gab es dieses Fliegenpilzkostüm, das ich tragen durfte, in dem ich mich so sicher und geschützt fühlte, weil endlich einmal alle anderen Respekt hatten vor dem giftigen Fliegenpilz. Noch heute liebe ich rotes Geschirr mit weißen Punkten …

Der Fliegenpilz ist ein Geheimnisträger und gleichzeitig sehr erdig und selbstbewusst. Gerne erinnere ich mich an jenes Picknick, bei dem ich mich ›zu-fällig‹ in einem Fliegenpilzkreis wiederfand und diese intensive, geballte Energie spüren durfte. Der Fliegenpilz zeigt mir, wohin ich mich entwickeln will.«

Knospen

WACHSTUM · ENTWICKLUNG

Naturzeit:
Frühlings-Tagundnachtgleiche
21.–23. März
Himmelsrichtung:
Osten

Das Licht der Sonne wird langsam kräftiger. Jetzt befinden sich Tag und Nacht in Balance, sie sind genau gleich lang. Noch bäumen sich die Kräfte des Winters auf mit Kälte, Frost oder auch Schnee, die Waagschalen kommen ins Wanken, doch der Frühling ist nicht aufzuhalten. Dieses Ringen löst sich oft in heftigen Regengüssen, die alles gedeihen lassen.

Die Sonne wandert aus Erdensicht in zunehmend größerem Bogen über den Himmel, lässt Schnee und Eis endgültig schmelzen. Ihre Strahlen dringen in die Erde und kitzeln die aufkeimenden Samen, damit sie wachsen und die Erdkruste durchbrechen.

Die Säfte fließen mit frischer Energie in die Bäume und Sträucher, bringen Blatt- und Blütenknospen zum Sprießen, erste Blumen recken sich in den warmen Sonnenstrahlen. Die Erde hüllt sich in zartes Grün, würzige Frühlingskräuter wagen sich ans Licht. Die Vögel besingen das Erwachen, bauen ihre Nester, und bei manchen ist bereits erster Nachwuchs geschlüpft. Frisch erstarkt lädt die Natur dazu ein, das Saatgut in die Erde zu bringen. Jetzt ist die Zeit auch reif, die in der dunklen Jahreszeit gesammelten inneren Visionen auszusäen und das eigene Geschenk in die Welt zu bringen.

Mit frischem Grün
segnet die Erde
den Anfang.
Aus lichtem Gold
ist ihre Kunde
der Kraft.

Begegnung mit Seelengärtner Jürg Reinhard

»Die Pflanze kann nichts anderes
im Menschen bewirken,
als was sie in der Natur
selbst ist und tut.«

JÜRG REINHARD

»Die Blumen sind die Antwort der lebendigen Erde auf den Sternenhimmel, ihre Sehnsucht nach den Sternen. Die Sterne streicheln und kitzeln den Ätherleib der Erde. Jeder Stern, auch die Sonne, ist ein Raum, der die Pflanzen ›ansaugt‹: Darum wachsen die Pflanzen. Sie sind die Sinnesorgane des Erdorganismus und seine Antennen zum Kosmos.« Genauso sei auch unser Herz ein Hohlraum, der das Blut rhythmisch ansauge und loslasse, sagt Jürg Reinhard.

»Licht, Sonne, Wärme, Leben, alle Formen und auch der kosmische Ton sind geprägt von den Sternen. Das Bewusstsein der Pflanzen ist in den Sternen zu Hause.« Ohne sich für den Sternenhimmel zu interessieren, sei es nicht möglich, das Wesen der Pflanzen zu verstehen.

Hier im Atelier Arnika, Jürg Reinhards Wirkungsstätte, die direkt am Thunersee in der Schweiz liegt, betrachten wir gemeinsam eines seiner zahlreichen manns- oder besser menschenhohen Gemälde. Es bildet den unendlichen Sternenhimmel ab, und tatsächlich erscheinen die farbigen Punkte wie Blumen inmitten einer märchenhaft nachtblauen Wiese. »Der Mensch nimmt die Verbindung zu ihrem höheren Wesen auf einer feinen Ebene wahr, denn was man von der Pflanze mit den Augen sieht, ist längst nicht die *ganze* Pflanze.«

Im Samen pulsiere die eigentliche »Flamme«, aus der sich die Pflanze mit einem feinen Strahl bis zu den Sternen hinauf verbinde. »Diese Verbindung erahnt und spürt der Mensch.«

Zwischen Erde und Himmel

Schon als Bub hat Jürg Reinhard leidenschaftlich Pflanzen und Mineralien gesammelt und begeistert die Sterne betrachtet. Gern zeigt er mir den ersten Kristall, den er als Kind gefunden hat. Seine Liebe zu dem reinen, klaren Mineral ist noch heute spürbar. Viele weitere Kristalle – zum Teil wahre Riesen – sind ihm gefolgt, haben Reinhard als Strahler beglückt und ihn immer wieder auf den Berg gerufen: dort, wo er sich dem Himmel nahe fühlt. »Kristalle sind die Facettenaugen der Erde zum Kosmos.«

Sein brennendes Interesse an den größeren Zusammenhängen bewog ihn, gleich zwei Studiengänge der »exakten« Wissenschaften abzuschließen: zuerst als Physiker (ETH Zürich) und später als Dr. med. Sein Bergführerdiplom, das er bereits vor seinen Studien erworben hatte, sorgte für den materiellen Boden, zugleich manifestierte es auch seinen ausgeprägten Sinn, sich nicht von steinigen Hindernissen begrenzen zu lassen. Mit all diesem Wissen ausgerüstet, brach er in die Welt des Geistes auf – auch hier so zäh und gründlich wie am Berg. Bewegt von einer tiefen Liebe zu den Pflanzen, der Natur und ihren Heilkräften, erarbeitete er sich die Grundlagen der Homöopathie und der Akupunktur und setzte sich intensiv mit der Anthroposophie auseinander. Nie ohne den weiten Blick in die Sterne zu verlieren, der ihm als Bergsteiger eigen war. Die Spannweite seines Denkens fordert heraus, gängige Denkmuster zu hinterfragen und auf ungewohnte Weise hinzuschauen.

»Materie ist ein erstarrter Lebensprozess. Ein Versuch, das Leben aus dem Toten zu erklären, muss scheitern«, ist er überzeugt.

»Wir werden nicht darum herumkommen, den Sinn des Lebens in etwas zu sehen, das das rein Körperlich-Materielle übersteigt und auf weitere Zeiträume hinaus angelegt ist. Die Seele ist die Instanz, die zur Freiheit drängt.«

Fast beiläufig löst dieser braun gebrannte Mann, der die Sechzig längst überschritten hat, übliche Weltanschauungen auf. Auch sein Bezug zu den Pflanzen ist der eines »Kosmosreisenden«, denn erst aus dem geistigen Leben in der Natur erschließt sich für ihn der Weg zur Pflanze und auch zu einer Heilung menschlichen Leidens. »Ein heilendes Homöopathikum ist der Spiegel der Seele, die in Blumen wahrnehmbar wird.« Dafür brauche man nicht allein Wissen. Ein guter Heiler sei ein Mensch, der seine Seele ausgebildet habe und dadurch fähig sei, kranke Leute und die Natur zu erfühlen. Im Einklang finde sich das passende Heilmittel wie von selbst, denn: »Was die Natur außen macht, macht die Pflanze auch als Heilmittel im Menschen.«

Die Liebe ist es, die heilt

Die florierende Arztpraxis in Bern gab der revolutionäre Naturarzt und Pflanzenkenner nach längerer Zeit auf. Seine Erkenntnisreise führte ihn weit über die materialistische Weltbetrachtung der Wissenschaft hinaus. »Ein Arzt, der in Anbetracht des Menschen als einem durchaus geistigen Wesen Materialist bleibt, wird vorwiegend Krankheit auf der Welt verbreiten. Krankheit im Menschen und in der Wirtschaft entsteht dadurch, dass die Verbindung zwischen dem irdischen Körper, dem materiellen Teil und dem Geistigen gerissen ist.« Als Physiker und Arzt wolle er mithelfen, aus materialistischen Vorstellungen herauszufinden. Seine ureigenen Betrachtungen von Natur, Blumen, Tieren und Elementen gibt er heute als Autor, Referent, Maler und Musiker weiter und möchte Menschen damit anregen, selber zu spüren, zu schauen und zu erfassen. »Will man etwas von einer Pflanze erfahren, so gilt es vor allem, das Staunen wieder zu lernen. In der Atmosphäre des Staunens schubladisiert man nicht, da ist nur noch die offene Seele.«

Es sind tiefe Einsichten, denen er in der Natur, in den Bergen, auf Steinen liegend, geborgen unter dem Sternenhimmel, gelauscht hat. »Dass ich deswegen manchmal als Esoteriker bezeichnet werde, *verhebed* nicht«, blinzelt er listig, entspreche also nicht ganz den Tatsachen. Er sei Exo- und Esoteriker. Als Bergführer sei gute Bodenhaftung absolute Bedingung. »Am Berg genügt ein falscher Schritt, und es wäre mein letzter.«

Die Befreiung des Denkens gelte es, ins Leben hineinzutragen, und sie geschehe von »unten« nach »oben«, denn der Geist müsse im Unbewussten keimen, im Dunkeln, wie die Samen der Pflanzen: »Sodass durch die Beteiligung der Füße und das Begreifen mit den Händen ein Verstehen im Kopf, dem ›Träger des Bewusstseins‹, erreicht wird. Man sollte zuerst tun, dann erst schauen, empfinden, bedenken … Die Gliedmaßen und der Stoffwechsel sind die Basis. Die unbändige Lust in den Gliedern, die Lebensfreude und Kreativität, das *Umegumpe* … Kein Stress, sondern Spiel – darauf baut sich das Gesunde auf.« Das Wichtigste auf dem Weg zu dieser Entwicklung sei es, Freude am eigenen Tun zu haben. Auf pazifischen Inseln etwa lebe man nicht nach dem Befehl: »Sei lieb!«, sondern nach dem Motto: »Mach, dass du glücklich bist!«, denn glückliche Menschen strahlen Liebe aus. »Wir müssen in unserem Leben immer wieder neu ›zundern‹ und ›entflammen‹: Die Liebe heilt.«

Mit Wurzelaugen die Sterne schauen

»Eine Pflanze ist mit einem Menschen vergleichbar, der auf dem Kopf steht. Die Wurzeln sind ihr Nervensystem und Gehirn. Die Blätter sind die Lunge. Bäume wiederum sind Drüsen der Erde, durch sie fließen die Säfte hinauf, vergeistigen sich.

In ihren Wurzeln haben Pflanzen Lichtsinnesorgane, die sich wie Wurzelaugen nach dem Sternenhimmel ausrichten. Sie nehmen alle Planetenbewegungen am Himmel in sich auf, gedeihen und fruchten mit dem Rhythmus der Sterne. Es ist, als ob sie sich in tiefster Meditation befänden. Wer sich ihnen nähern will, sollte dies darum mit Achtsamkeit tun.«

Die Geistseele der Pflanzen sei nicht ganz im Pflanzenkörper inkarniert, sondern auf ihrem Stern beheimatet. Hier auf der Erde würden die stofflich gewordenen Pflanzen jedoch umhegt und gepflegt von Elementarwesen, die zuständig seien für deren Biochemie. »Gnome, Undinen, Elfen und Sylphen helfen den Pflanzen, nicht wie die Steine zu verhärten, sondern dem Himmel entgegenzuwachsen.« Das Bild, das man innerlich von diesen Elementarwesen in sich wahrnehme, sei individuell. »Ob jemand diese Energie in Form eines Zwerges, einer Elfe oder eines Gnoms sieht, hat mit der persönlichen Vorstellung zu tun – es ist jedoch ein Bild für das Wirken dieser Energien.«

Materie, so wie wir sie heute sehen, sei eine Illusion, ist Jürg Reinhard überzeugt. Das Wesen der Materie sei vielmehr ein Zusammenklang verschiedener Himmelskräfte in den vier Elementen Erde, Wasser, Luft und Wärme.

»Pflanzenkeime sind darauf angewiesen, dass die geistige Keimkraft des Kristalls ihnen den Weg zum Kosmos zeigt, ähnlich wie Glasfasern, die das Licht leiten können: Deshalb brauchen Pflanzenkeime Kiesel; ebenso Kalium, Phosphor, Magnesium, Stickstoff und Kalzium. Das ist auch der Sinn der Düngung, denn diese Mineralien sind eine Art Samenkörner: Kristallisationskeime für die Sternenkräfte.«

Natur und Kosmos

Pflanzen würden sich auf verschiedene Arten mit dem Kosmos verbinden, daher teile er sie nicht botanisch, sondern nach ihren »Religionen« ein, ganz im Sinne des ursprünglich lateinischen Wortes *religio*, das »Rückverbindung« bedeutet.

»Pilze etwa gehören zur ›Mondreligion‹, da sie Halbmonde sind, die sich bei Vollmond zu voller Größe entwickeln. Das Veilchen oder die Rose haben die ›Religio der Venus‹, während der Frauenmantel Mondkräfte in sich sammelt und tatsächlich Sekrettropfen abgibt, ähnlich einer weiblichen Menstruation. Auch die Mondrauten streben dem Mond zu. Die Wolfsmilchgewächse lassen sich vom Merkur anziehen, so das Bingelkraut (*Mercurialis perennis*). Die Iris wächst hin zur Venus. Die Sonnenblume strebt nach unserem Tagesgestirn, und mit ihren Kronblättern ahmt sie die Protuberanzen der Sonne nach, ihre schwarzen Samen sind wie Sonnenflecken. Das Eisenkraut sucht den Mars, die Traube den Jupiter oder der Schlehenstrauch den Saturn. Brennnesseln sind mit dem roten Planeten Mars verbunden und haben darum die Fähigkeit, das Blut zu reinigen, zum Beispiel als würzige Brennnesselsuppe. Birkenknospen und -blätter putzen die Nieren und gehören der Venus an. Die Kirschblüte ist dem Mond zugeneigt und blüht meist bei Vollmond; danach fällt oft Regen, dessen Tropfen kleinen Kirschen ähneln. Alle Pflanzen imitieren den Sternenhimmel – aber nur saison- und ausschnittweise.«

Man könne zeichnen, wie die Planetenbahnen sich in den Blumen abbilden. Diese so zu lesen, ermögliche es, die kosmische Herkunft zu verstehen. Ihre Zugehörigkeit zu den Planeten erkennt Jürg Reinhard zum Teil anhand der Blütenblätterzahl: Die Rosetten seien das Abbild der zugehörigen Planetenbahn um die Sonne. »Dreiblättrige und sechsblättrige Blüten sind dem Merkur zugehörig, der dreimal pro Erdenjahr um die Sonne wandert. Fünfblättrige Blüten der Rosengewächse spüren der Venus nach.«

Auf vielfältige Weise eiferten Pflanzen ihrem Gestirn nach: So zeige das Bohnenkraut (*Satureja hortensis* oder *montana*) mit seiner violetten Blütenfarbe die Zugehörigkeit zum Saturn, die Mistel mit ihren weißen, durchscheinenden Beeren ihre Sympathie für den Mond. Beeren seien pflanzliche Planeten.

Auch der Mensch imitiere mit der Zellteilung, was auf der Sonne in den Sonnenflecken geschehe. Ebenso sei der Mensch von Planeten geprägt, was sich als Persönlichkeitstypus zeigen könne: »Der *Saturnmensch* ist ein Gnostiker und Wissenschaftler. Er studiert die Pflanzen und kennt sich vor allem lexikalisch bestens aus. Der *Jupiteriker* sinniert über die Zusammenhänge in der Natur. Ihn beschäftigt die Art, wie Pflanzen wachsen, welche Gebiete sie besiedeln, welche Nachbarschaften sie pflegen: Er ist der Familientherapeut der Pflanzen. Der *Marsiker* erfährt das Göttliche, Kosmische, das hinter seiner Gartenarbeit wirkt, im Tun. Der *Venusmensch* versteht die Pflanzen, indem er fühlt und meditiert, während der *Merkurmensch* recherchiert, was in Büchern und Internet geschrieben steht … Der *Mondmensch* ist der ›Tarotiker‹, seinen Zugang findet er in der Signaturenlehre, er liebt die Symbolik, aus der er die Pflanze deutet. Der *Sonnentypus* ist der Empiriker, der auf alles einsteigen kann und sich verschiedenste Zugänge offen lässt. Wir können auch im Laufe unseres Lebens verschiedene Stadien durchlaufen, es ist jedoch oft so, dass Menschen stehenbleiben und »versteinern« – viele bereits im Alter von 28 Jahren …«

Im Kosmos seien einst Mensch, Pflanze, Tier und Mineralien eins gewesen, erst im Laufe der Entwicklung hätten sie sich getrennt. Dies könne man bis heute an Pflanzen beobachten, die zum Teil noch tierisch seien, jedoch angewachsen - beheimatet in einem Zwischenreich, so etwa Pilze und Meeresschwämme. »So gesehen, ist die Natur nichts anderes als ein ausgebreiteter Mensch, und die einzelnen Pflanzen sind darin Spezialisten mit biochemischen Eigenheiten: die physifizierte Weisheit des Kosmos. Jede ihrer ›Einseitigkeiten‹ ist gleichzeitig eine Krankheit in Bezug zum Menschen. Die Pflanze nimmt dem Menschen in ihrer Spezialisierung das Problem ab und harmonisiert es, denn die Schöpfung strebt stets nach Ganzheit und Harmonie.«

Kosmische Rhythmen

Die Metamorphose der Pflanzen – ihr Wachsen, Blühen, Fruchten und Welken – spiegele den menschlichen Lebensweg wider: »Denn auch der Mensch ist von kosmischen Rhythmen bestimmt.« So finde man für jede Lebensphase besonders passende und stärkende Heilmittel für die menschliche Entwicklung:

»Für Kinder bis sieben Jahre, die nur nachahmen, sind Moose, Farne und Schachtelhalme geeignet. Für 7- bis 14-Jährige, die ins Kraut schießen, passen Sträucher und Bäume wie etwa die Tannen, die ihre Kraft nicht in die Blüte geben, sondern in ihre duftenden Nadeln und harzenden Zapfen. Für 14- bis 18-jährige

Jugendliche sind Blütenpflanzen angesagt, die aber noch Stütze brauchen, wie der Mohn im Kornfeld. Der ausgewachsene Mensch ist vergleichbar mit einem Korbblütler, für ihn sind Pflanzen passend, die ausdifferenziert sind, manche wie das Edelweiß, das ganze ›Körbchen voller Körbchen‹ beziehungsweise Seelenerfahrungen in sich trägt.

Das Alter braucht eher mineralische Heilmittel. Für den alten Menschen sind verholzte Pflanzen sinnbildlich, ein gutes Heilmittel ist zum Beispiel die Weide, denn sie bleibt biegsam bis ins Alter, vermag ›Arme und Beine noch zu kreuzen‹, sodass man mit ihren Zweigen Körbe flechten kann.« Jede Entwicklungsstufe brauche eine andere Art von Heilmittel.

Schauen, staunen, fühlen

Die Metamorphose des Menschen sei sinnbildlich in der ganzen Pflanzenwelt zu finden, so Jürg Reinhard. Betrachte man eine Wiese, sehe man im Grünen das Wachstum, in den Blumen die Träume und in deren Blüten, Farben und Düften das Seelische, ja, ihre Begeisterung. Die grünen Teile blieben dabei im Unbewussten, während die anderen Teile erwachten.

»Die Pflanze kann nichts anderes im Menschen bewirken, als was sie selbst *ist und tut*. Man braucht nur hinzuschauen. Ich kann die Natur nur verstehen, wenn ich sie mit mir vergleiche, wenn ich im höheren Selbst Blume *bin*.« So sieht Reinhard in den Blättern etwa ätherische »Zungen«, die sich zum Wasser strecken. »Die Karde zum Beispiel streckt den ganzen Tag ihre Zunge raus und sammelt in ihren Blattansätzen kleine Regenwasserseen. Die Dornen auf ihrer Zunge sind die Geschmacksnerven.«

Im Breitwegerich sieht er eine Ohrmuschel angedeutet, die »zuhört« – sie sei gut bei Ohrentzündungen. In Blüten werden für ihn die »Nasen« der Blumen sichtbar, zum Beispiel beim Ginster. Die Äste der Bäume versteht er als »Stielaugen« und jedes einzelne Gras als Antwort auf einen Lichtstrahl.

Für Reinhard sind die Farben der Pflanzen ihre Gefühle. Sie sind das Licht, das die Materie berührt und dann als Farbe zurückstrahlt. »Wenn etwas glänzt, ist es besonders hell und gibt Lichtstrahlen zurück, die nicht aufgesaugt werden. Reflektiertes Licht ist besonders fein – so wie beim Hahnenfuß, der seinen goldgelben Glanz über die Wiesen verschenkt. Und die Düfte sind der Pflanzen Gemüt …«

Die Blüten seien farbig aus Freude und Sympathie für ihren farbig schimmernden Planeten. (*Mars rot, Mond weiß, Saturn blau, Jupiter gelb* – deren Farben könne man mit etwas Übung mit bloßem Auge am Himmel erkennen.) »Mit ihren Farben drücken die Pflanzen ihre Lebenslust aus. Sie ziehen damit auch Insekten an, die zu den gleichen Planeten eine Beziehung haben. So wie etwa die Biene, die auf Sonne und Venus bezogen ist.«

Jürg Reinhards Sichtweisen lassen immer wieder um Orientierung, Deutung, Analyse ringen – aber sie fordern auf, mit allen Sinnen ins Reich der Pflanzen und ihrer Natur einzutauchen und offenen Herzens *selbst* zu erfahren, zu schauen und zu lauschen. »Man muss nicht alles sogleich verstehen«, sagt Reinhard. »Es ist wichtig, sich nicht damit zu quälen und um Verstehen zu ringen und etwas zu erzwingen, sondern Eindrücke und Erlebtes erst mal ruhen zu lassen. Erst dann kommen die Erkenntnisse. Denken ist wie Einatmen. In der Muße oder im Traum folgt das Ausatmen, Loslassen und Erkennen. So kann das Einverleibte im Erdenreich der Seele wachsen. Im Dunkeln, im Schwarz empfinde ich Gottes Sein. Jeder Samen braucht die Dunkelheit, dort verstecken sich das ganze Sein und die Zukunft der Pflanze.«

Früher hätten die Menschen diesen geistigen Kontakt auf natürliche Weise gepflegt, heute sei diese Fähigkeit nicht mehr vorhanden, weil es gerade darum gehe, das selbstständige Denken zu lernen und zu tun, was nur aus freiem Willen entstehe.

Ein nächster Schritt werde es sein zu lernen, die eigenen Organe für die Zukunft vorzubereiten, also eine Art von Reinkarnationsmedizin zu entwickeln: »Was mache ich heute, um beim nächsten Mal gute Lebensvoraussetzungen zu haben?« Es gehe darum, das Bewusstsein zu erweitern – denn schließlich gebe es ein Leben *vor* und *nach* dem Tod …

»Oft fehlt die Geduld für dieses Hinschauen und stille Beobachten. Doch die Pflanze spiegelt uns auch unsere Gedanken, die wachsen müssen. Das braucht Zeit. Wir sollten unsere Gedanken wie Blumen behandeln, sollten sie auch ›düngen‹, das heißt ›gernhaben‹. Wir sollten es gernhaben, dass wir denken dürfen und unsere Gedanken mit ins Bett nehmen, anstelle der Bildsequenzen aus Fernsehen oder Computer. Erst wenn schöne Bilder, die wir in uns tragen, nachts leben, können wir mit ihnen in Resonanz gehen, ihnen im Geist entgegenwachsen.«

Mit schenkendem Blick

»Wenn du jemanden erkennen willst, so lasse ihn Blumen sammeln. Ein Blumenstrauß ist wie ein Spiegel der Seele. Pflanzen haben es auch gern, wenn man sie respektvoll erntet und wenn man sie isst: Sie kommen dadurch ins ›Seelenland‹ und ›Geistland‹ des Menschen.«

Um das eigene Heilmittel im Garten zu finden, gebe es ein sicheres Erkennungszeichen: »Schau, welche Pflanze dich am meisten ärgert; es ist bestimmt deine Heilpflanze, und sie hat die Gabe, Unausgewogenheiten zu heilen. Der Mensch bekämpft die Pflanzen, die ihn heilen, gerade deshalb, weil sie ihm seine eigene Disharmonie spiegeln.«

»Im Garten nehmen wir mit unseren Schützlingen nicht nur durch Hegen und Pflegen eine tiefe Verbindung auf: Auch das

CO_2, das wir ausatmen, strömt in den Garten. Es geht in die Blätter und in die Wurzeln. Als Gärtnerin oder Gärtner sind wir im Garten also auch in einer anderen Form präsent.« Den seelischen Kontakt zu unserem Garten aber würden wir vor allem durch einen Aufmerksamkeit schenkenden, freudvollen Blick finden, durch Staunen und Ehrfurcht und eine gewisse kindliche Unvoreingenommenheit. Die Objektivität hingegen, um die wir stets so sehr bemüht seien, entferne uns vom Garten und dessen Wesen. »Man kommt nur weiter, wenn man schenkend ist.«

Während wir den Boden bearbeiten, säen, Pflanzen setzen oder Bäume schneiden, würden die Pflanzen uns berühren, und unmerklich habe die Seele wieder Nahrung. Ein Seelengarten spiegele die Art wider, wie ein Mensch die Verbindung zum Kosmos suche. »Wenn man etwas studieren will, muss man sich erst einfühlen und verbinden.«

Viele Jahre hat Jürg Reinhard Heilpflanzen gehegt. So wie das ganze Leben sich in stetiger Metamorphose befindet, so hat auch das sich gewandelt: »Inzwischen haben Hirsch, Dachs, Fuchs und Reh das Gelände entdeckt.« Seinen Seelengarten finde er in der Weite der Berge, oft hoch oben, jenseits der Waldgrenze. Dort, wo die Bergblumen blühen, die, wie aus dem Paradies kommend, die Gletscher umsäumen.

Seelenpflanzen von Jürg Reinhard

»Für mich sind es die vier wichtigen Heilpflanzen der ›Religion‹ Sonne, die Gold für Lunge, Herz, Leber und Nieren spenden. Sie reflektieren die Metamorphosen im Laufe des Jahres.

Im Frühjahr erwacht die tiefe Freude an den ersten Blumen im *Huflattich,* dem Gold für die Lunge (und im Löwenzahn, dem Gold für die Verdauung).

Im Sommer strahlen die *Arnika,* das Gold fürs Herz, und das *Johanniskraut,* dieses Gold für die Nerven, das das Licht auch in die Leber trägt und dadurch antidepressiv wirkt.

Im Herbst leuchtet die *Goldrute,* die ihr Strahlen den Nieren schenkt.«

Blühen

SINNLICHKEIT · GEMEINSCHAFT

Naturzeit:
Die Nacht zum 1. Mai
Himmelsrichtung:
Südosten

Der Frühsommer hält Einzug. Blumen, Sträucher und Bäume erblühen in den prächtigsten Farben und wecken mit ihrer Schönheit und ihren Düften die Sinne. Die Sonne wärmt kräftig den Boden und macht fruchtbar, was zuvor noch zaghaft als Spross das Licht suchte.

Sonnenstrahlen spielen im leuchtenden Gelb der Frühlingsblumen und laden zum Verweilen und Träumen in der freien Natur ein. Es ist die Zeit, auszuschwärmen wie die Insekten, Käfer, Schmetterlinge und Bienen, die scharenweise und verzückt in den Blüten gaukeln. Mit den Vögeln singt die Natur ihr lockendes Frühlingslied, lädt zum Fest der Sinnlichkeit und der Lebensfreude.

Die Kraft drängt leidenschaftlich dem Licht entgegen, um sich zu entfalten und mit dem Leben zu verschmelzen. Nun beginnt das Sommerhalbjahr. Es verbindet alles Lebendige in Schönheit, Wärme und Gemeinschaft. Ein Leuchten belebt die Erde und ihre Wesen.

Zart zitronengelb
getträumt vom Licht
der erwachenden Sonne,
erblühen die Schlüssel
zum Himmelstor.

Begegnung mit Seelengärtnerin Agnes Barmettler

»Alles, was ist, trägt seine eigene Art von Wissen in sich.
Stein, Baum oder Pflanze kennen einfach eine andere Zeit:
Es ist ein Wissen um das Sein.
Auch das Labyrinth hat ein solches Bewusstsein,
denn die Erde vergisst keinen deiner Schritte.«

AGNES BARMETTLER

Schwarzer Filzhut mit rotem Band, lange Haare, bunte Kleider, Wollsocken in Sandalen – so schlendert sie gemütlich in Richtung Gartenlabyrinth und winkt mir schon aus der Ferne freundlich zu. Eben noch zappelte ich im pulsierenden Strom hektisch eilender Businessmenschen mitten im Bahnhof Zürich – nun scheint mir diese kleine, behäbige Frau fast wie eine Erdmutterfigur aus einer anderen Welt und Zeit. Doch Agnes Barmettler steht fest auf dem Erdboden des Hier und Jetzt. Was für Hände!, denke ich, während mir die 71-jährige Mitbegründerin und Ideenträgerin des blühenden Pflanzenlabyrinths die Hand schüttelt: Gefurcht, kraftvoll und warm ist sie, erzählt von viel tatkräftiger Arbeit, zupackender Begegnung mit der Erde.

Lebende Kulturstätte unter freiem Himmel

Ein Vierteljahrhundert ist es her, seit die Kunstschaffende und ein bunter Haufen kreativer Mitinitiantinnen zur Schaufel griffen und auf einem ehemaligen Kasernenareal das Pflanzenlabyrinth zum Leben erweckten: Auf einem öden Stück Rasen und »Hundeklo« sollte ein Gemeinschaftsgarten und gleichzeitig ein offener Kultur- und Begegnungsplatz entstehen.

Das Labyrinth mit seiner Form und Symbolik hatte Agnes Barmettler schon länger beschäftigt. Aufs Labyrinth sei sie 1973 eigentlich rein zufällig gekommen, als sie in Chartres aus künstlerischem Interesse die Fenster der Kathedrale betrachten wollte: »Auf einer Postkarte am Kiosk sprang mir das ›Labyrinth von Chartres‹ ins Auge, das ich aber nirgends entdecken konnte – in der Kathedrale standen nämlich Stühle drauf.«

Seither habe sie die tiefe Weisheit dieses Zeichens nie mehr losgelassen. Zuerst begann sie, Labyrinthe zu zeichnen, später in der Landschaft zu gestalten (siehe Abbildung rechts).

»In der Kunst ist man nie allein, die Hälfte eines Kunstwerkes lassen immer die Betrachtenden entstehen. Werke werden besser durch die Betrachtung; wenn bei den Leuten etwas Eigenes lebendig wird, kommt ihre Kraft ins Bild. Werke wachsen in Gemeinschaft. Das tut wohl und ist besser als alles Geld, das für ein Kunstwerk bezahlt wird. Ich habe mich immer für Menschen, Begegnung und Kultur genauso wie für Natur und Pflanzen interessiert. Deshalb ist das Labyrinth, das ja auch ein altes Kulturerbe ist, für mich ein geeignetes Bild: Ich kann darin das alles integrieren und eine Art Gesamtkunstwerk erschaffen.«

Gartenlabyrinth

Wer ins Labyrinth geht, begegnet nicht nur sich selbst, sondern auch anderen: »Menschen sprechen einander an, denn der Weg ist schmal. Kommt dir jemand entgegen, verhältst du dich ›entgegenkommend‹. Man kommt sich nahe, auch auf den parallel verlaufenden Umgängen.« Es gebe keine geschlossenen Kreise, jeder Umgang öffne sich zum nächsten hin.

»Pflanzen, Vögel, Insekten und verschiedenste Tiere bewohnen und beleben diesen Labyrinthgarten. Sie haben eine besondere Gabe, denn sie berühren den Menschen niederschwellig, indem sie seine Sinne erfreuen, ihn anschauen oder über ihre Schönheit auf ihn wirken. Pflanzen können sich nicht bewegen, sie ›sprechen‹ anders, verbinden sich mit uns durch Duft, Blüten,

Samenstand … In einem Gemeinschaftsgarten haben sie eine ungemein wichtige Mittlerrolle – es ist schön, sie gemeinsam mit anderen Menschen zu pflanzen, wachsen zu sehen, sich an ihnen zu erfreuen, sie zu pflücken, zu ernten, zu teilen und zu essen.«

Zurückschauend auf 25 Gartenjahre sei hier so vieles gewachsen und auch wieder vergangen. »Manche Pflanzen haben eine lange Geschichte, sie sind hier seit den Anfängen und tragen Erinnerungen an Menschen, die längst weitergezogen sind.«

Agnes Barmettler hat in ihrem Leben unzählige Labyrinthe gestaltet, viele davon mitten in der Landschaft. Bis 2001 betreute sie das Zürcher Pflanzenlabyrinth. Zurzeit arbeitet sie an einem einjährigen Gemeinschaftslabyrinth in ihrer Wohngemeinde Wölflinswil im Kanton Aargau. »Die Tulpenzwiebeln habe ich letzten Herbst gesteckt, sie blühen schon prächtig! Die Menschen aus dem Dorf sind jetzt voller Begeisterung mit dabei und bleiben in Form der von ihnen mitgebrachten Pflanzen jederzeit anwesend.« Ihre Liebe zu den Pflanzen kommt Barmettler dabei entgegen. »Die Pflanzen spiegeln die Dorfgemeinschaft wider und machen zugleich in dem begehbaren Bild den natürlichen Kreislauf des Lebens sichtbar und fühlbar.«

Boden bereiten für eine Vision

Im Rahmen der Schweizer Freiluft-Kunstausstellung »Merkzeichen«, die an sieben Orten im Wallis stattfand, schuf Agnes Barmettler im Sommer 1986 ein Labyrinth zu Ehren der dortigen und der weltweiten Agrarkultur. In die wegbegrenzenden Beete pflanzte sie in die vier Himmelsrichtungen je eine andersfarbige Maissorte aus dem Land der Hopi (Arizona, USA). Für dieses indigene Volk, bei dem sie sich mehrere Jahre aufgehalten hat, seien diese Maissorten so etwas wie eine Verkörperung von vier unterschiedlichen Kulturkreisen und Hautfarben der Menschheit.

Kurz vor der Eröffnung des Labyrinths erzählte sie das ihrer langjährigen Freundin und Kunstbegleiterin Rosmarie Schmid. »Sie wanderte auf dem windungsreichen Weg in mein Bild, die Maispflanzen waren noch klein und das Labyrinth als Ganzes gut sichtbar. In der Mitte hatte sie plötzlich eine Vision. Sie sah ein Bild unserer Erde, und es entstanden dort zahlreiche Labyrinthe, an vielen Orten überall auf dem Globus, wo sich nicht nur Menschen aus der Kunstszene versammelten.« Im Herbst haben dann einige Frauen die gelben, weißen, roten und dunkelblauen Maiskolben geerntet. Gemeinsam mit Frauen aus verschiedenen Ländern entwickelten sie in den kommenden Jahren die Idee, das Labyrinth als uraltes, kulturübergreifendes Symbol von Geburt, Tod, Initiation und Wiedergeburt, von Verwandlung und Veränderung wieder vermehrt ins öffentliche Bewusstsein zu rücken.

Mit diesem Konzept eines internationalen Frauenprojekts bewarb sich Rosmarie Schmid 1990 beim Wettbewerb des Kantons Zürich zum 700-jährigen Jubiläum der Eidgenossenschaft. Es wurde prämiert, und das Pionierlabyrinth fand so fruchtbaren Boden, um das reichlich vorhandene Saatgut auszubringen.

»Jetzt galt es, die kulturellen Zusammenhänge sichtbar werden zu lassen, und das anhand ›gewöhnlicher‹ Dinge wie Wetter, Bodenbereiten, Aussäen – vor allem aber galt es, die Menschen fürs Mitmachen zu begeistern«, erinnert sich Agnes Barmettler.

Als Standort für den Labyrinthgarten wurde das ehemalige Kasernenareal ausgewählt, das zentral gelegen und leicht zu finden ist, sihlaufwärts in der Nähe des Bahnhofs. Obwohl einige Frauen heftig dagegen protestierten, weil es ein ehemaliger Militärstandort war, entschied man sich doch für die Wiese im Zeughaushof. »Es schien uns sogar sinnvoll, einen solchen Ort durch unser Tun zu wandeln.« Im näheren Umkreis spielt sich das Zürcher Nachtleben ab mit Bars, Freiern, Prostituierten und der

Drogenszene. »Die Verantwortlichen des Gartenbauamtes warnten uns, es sei eine raue Gegend, hier würden Pflanzen kaum gedeihen können. Aber wir wollten ja gerade mit dieser Art von Gemeinschaftsgarten neue Begegnungsformen im öffentlichen Raum ausprobieren – und zwar mit den Menschen, die sich natürlicherweise auch dort aufhalten. In diesem Quartier gibt es neben der Nachtszene auch viele Kleinbetriebe, und die Wohnbevölkerung ist ein vielschichtiges Gemisch aus Einheimischen und Zugewanderten verschiedenster Herkunft.«

Schritt für Schritt

»Was konnte denn einen besseren Boden bieten für Begegnung als ein Garten, angelegt in Labyrinthform? Die Umgänge, der Weg mit seinen Wendepunkten, die Mitte mit ihrer Kehrtwende bieten eine Orientierung an, die vielfältigen Lebenszusammenhänge können bildlich dargestellt werden. Die Kreisläufe des Lebens können so mit den individuellen ebenso wie mit den gesellschaftlichen Realitäten in Beziehung gebracht werden.« So wachse auch ein Bewusstsein für die Zusammenhänge im eigenen Leben, mit anderen Menschen, mit anderen Kulturen und schließlich auch mit der ganzen Erde.

»Im Zusammenwirken und im Zyklus der Jahreszeiten konnten wir erleben und bewusst machen, dass jede Kultur – seien es Menschen oder Pflanzen – einen guten Boden, ein kreatives Klima und Pflege braucht, wenn sie werden, wachsen, blühen und Früchte tragen soll. Sie muss sich erneuern, Nahrung bekommen. Kulturen können verdorren, verwelken, verrotten, vergehen, sich umwandeln. Die subversive Kraft der Veränderung zeigt sich sichtbar im Kompost«, sinniert Barmettler, während wir jetzt langsam hintereinander ins Labyrinth eintreten, empfangen von rosa und weiß blühenden Rosensträuchern, von Buchs, tiefrotem Mohn, Lavendel, sich bereits langsam entfaltenden Königskerzen … Schritt für Schritt sind wir umfangen von Farben, Düften, Schmetterlingen, Bienensummen und Vogelgezwitscher. »Oh, sie lassen den Giersch wachsen!«, staunt Barmettler, »dem hätte ich den Garaus gemacht, auch wenn er eine gute essbare Wildpflanze ist! Wenn er mal im Garten ankommt, wirst du ihn nicht mehr los. Aber das jetzige Team macht es wieder auf seine Weise – und sie machen es gut und wissen, was zu tun ist.«

Saatgut ausbringen

Im März 1991 wurde auf der Zeughauswiese ein Labyrinth mit sieben Rundgängen angelegt. Der Garten war vorerst nur für ein Jahr geplant, und die Leute wurden dazu aufgerufen mitzumachen: »Nehmt ein Stücklein des teuren Zürcher Bodens für ein Jahr in Obhut, bringt Samen oder Pflanzen mit, kultiviert diese Erde!« Wer wollte, durfte einen Beetabschnitt auswählen und ihn für ein Jahr bepflanzen und pflegen. Die Labyrinthfrauen waren täglich nachmittags anwesend und ermöglichten den Zugang zu Wasser und Gartengeräten. Das sprach sich in Windeseile herum, und bald waren hundert Gartenanteile auf dem Plan eingetragen. Mit dem Frühling begann emsiges Treiben: »Die einen vergruben Kartoffelknollen und warteten mit Kind und Kegel ungeduldig darauf, dass sich das erste Grün zeigte. Vom nahen Markt wanderten Schnittlauch, Petersilie, Rosmarin und Thymian dank eifriger Hände ins Labyrinth. Es wurde mit Begeisterung gesät, gehackt, gegossen und gefachsimpelt. Zwischen zarten Setzlingen von Kopfsalat und Kohl blühten Primeln und Stiefmütterchen. Gemeinsam träumte man bereits von der Ernte, erzählte Geschichten und schweifte immer wieder auch in die ferne Heimat mancher Pflanzfreudiger. In dieser Art von Gemeinschaft fühlen sich nicht nur Einheimische daheim – alle, die hier sind, finden leicht Kontakt zueinander«, erzählt die Künstlerin. »Vor unseren Augen entstand ein Bild voller Schönheit. Ein gemeinsam erschaffenes Werk voller Überraschungen, Wunder, Freuden, aber auch Unannehmlichkeiten – eben so wie das Leben selbst.«

Spiegel der Stadt

Da sei, wo gestern Blumensamen gelegt wurden, später unverhofft ein heimlich gepflanzter Baum gewachsen. »Gerade Männer liebten es, Bäume zu pflanzen«, erinnert sich Agnes Barmettler, »als ob sie das Bedürfnis hätten, ›Pflöcke‹ einzuschlagen, etwas Dauerhaftes von sich zurückzulassen.« Bäume und große Büsche seien ihr aber als ungeeignet fürs Labyrinth erschienen, deshalb habe sie einmal schweren Herzens einen Kirschbaum abgesägt. »Doch meine Kunst des Baumfällens ließ zu wünschen übrig«, lacht sie. »Er hat doppelt ausgeschlagen und wuchs noch prächtiger als zuvor. Von den Pflanzen lernt man immer etwas dazu.« Tatsächlich hat sich der Kirschbaum stolz ins Labyrinth eingefügt, mit seinem doppelten Stamm spendet er an heißen Tagen Schatten und ermöglicht auch Schattenpflanzen ein Dasein.

»Die neue Gartenoase lockte viele Leute an – nicht alle hielten sich an den vorgegebenen Weg hin zur Mitte. Es wurde über Beete gegangen, und das erinnerte mich daran, wie auch manchmal Menschen ›übergangen‹ werden. Keimendes wurde zertrampelt. Manchmal siedelte ein frisch gepflanztes Gewürz plötzlich über Nacht um, wohl auf einen privaten Balkon, und ward nie mehr gesehen. Tomaten wurden noch vor ihrer Reife gepflückt, besonders prächtig blühende Blumen glänzten plötzlich durch Abwesenheit. Dafür wuchsen, wie von Zauberhand ausgebracht, nie gesehene Stechäpfel, Cannabis und andere Wunderpflanzen – für einen von Kindern reich belebten Garten wenig geeignet. Enten watschelten aus den nahen Gewässern heran, taten sich ungeladen an köstlichen Salatblättern gütlich. Haselmäuschen huschten über die Wege und holten die Samen des Amaranths.

Ab und zu gab es Geschenke – etwa eine Sammlung schönster Steine und Kristalle, ausrangiert und am Wegrand abgeladen, oder es glänzte unverhofft ein Kunstgebilde aus farbenprächtigen, aber gefährlichen Glasscherben in der Sonne. Hin und wieder verrichtete Hund oder Mensch auch im Schutze des Grünen seine Notdurft …«

Hüten und Hegen

Die Gärtnerinnen hüteten mit wachsamen Augen, was hier entstand, griffen ein, wo es nötig war, ließen gewähren, wo sich der Raum dazu bot. Immer wieder nahmen sie auch Pflanzen auf, die von Menschen nicht mehr gebraucht wurden. Chefin und Entscheidungsträgerin seien bis heute die Labyrinthfrauen vor

Ort – ein Prinzip, das sich bewährt hat. Inzwischen sind die persönlichen Beete aufgehoben worden, und der Garten wird von freiwilligen Gärtnerinnen als Ganzes gestaltet.

Sie selbst habe immer gern mit Pflanzen »gemalt« und Strukturen erschaffen, so etwa mit hohen Pflanzen in der Beetmitte und mit niedrigen Bodendeckern an den Wegrändern oder mit besonderen Farbkombinationen, berichtet Agnes Barmettler.

Anfangs hätten sie die Achsen des Labyrinths gemäß den Farben der Himmelsrichtungen gestaltet: weiß blühende Pflanzen im Osten, gelbe im Norden, rote im Süden, blaue im Westen. »Doch Samen keimen, wo es ihnen passt, und in jedem Jahr war es anders. Pflanzen haben ihr eigenes Wesen. Manche nehmen nur wenig Platz ein, andere breiten sich am Boden aus oder ranken empor, einige lieben lichte, warme Standorte an einer Mauer, andere gedeihen gern im Schatten – so wie es auch Leute gibt, die prima damit zurechtkommen, bescheiden am Rand der Gesellschaft zu leben, wenn man sie nur lässt.«

In diesem besonderen öffentlichen Garten hätten sich in kurzer Zeit alle Aspekte des Zusammenlebens gezeigt. »Wie die Pflanzen ›gedeihen‹ auch die Menschen, manche mehr, andere weniger gut. Manche stehen gerne im Licht, wuchern, machen sich breit, andere brauchen viel Pflege und Zuwendung, wieder andere gedeihen im Schatten, schlagen unbeachtet im Verborgenen Wurzeln oder brauchen Stützen … Nicht alle bekommen gleich viel Aufmerksamkeit und Raum, alle aber möchten sie Zuwendung und wollen geachtet sein. Viele Pflanzen leben symbiotisch, nehmen Nahrung über die Wurzeln von anderen auf.«

Licht sei ein wesentlicher Aspekt, auch Wärme, ein gutes Bodenleben und Wasser spielten eine Rolle, wenn etwas wachsen solle. Und natürlich der Mondstand: Säe man den Mais an Fruchttagen aus (an denen der Mond ein Tierkreiszeichen des Feuerelements durchläuft: Widder, Löwe, Schütze), so gehe er an einem Fruchttag auf und trage reichere Ernte. Der Duft von Blumen sei an Lufttagen intensiver (Mond in Wassermann, Zwilling, Waage). Die Pflanzen seien kräftiger, wenn man sie zum richtigen Zeitpunkt aussäe, ernte, lagere und verwende. Dabei bestimmten sowohl die Mondphasen (Neumond, zunehmender, abnehmender Mond, Vollmond) als auch die Tierkreiszeichen, in denen der Mond zu dieser Zeit stehe, die Heilkräfte der Pflanzen. Ebenso der absteigende und aufsteigende Mond.

Abbild des Lebens

»Wenn eine Pflanze schwächelt, nehmen sie die Schnecken. Es ist wie bei den Leuten, die immer abgewertet und entmutigt wurden: Sie strahlen Angst aus und werden zu Opfern. Oder umgekehrt jene Leute, die sich Macht aneignen wollen, indem sie Angst schüren und andere schwächen … Unsere Gärtnerinnen werfen die Schnecken, die sie ablesen, auf den großen Kompost; dort ist genug Nahrung für sie, um es sich gut gehen zu lassen – das hat sich bewährt, und wir hatten nie große Probleme mit Schnecken.« Es gehe auch darum, nicht immer nur ängstlich zu sein, auch das könne man von Pflanzen lernen: Es gebe durchaus robuste Exemplare, die zum Beispiel mit Duftstoffen anlocken, was ihr Überleben sichert, oder zusätzlich mit Gift abwehren,

was ihnen schadet. »Nicht alle Lebewesen bekommen die Sonnenseite geschenkt, aber alle haben Fähigkeiten, die sie möglicherweise entwickeln können.«

Es sei, als ob Menschen im Kontakt mit einem Garten ihre eigene Seele verwirklichen und zeigen: »Sie lassen ihn wachsen, wie sie es lieben und vermögen … Schon im ersten Jahr schufen kleine und große Gärtnerinnen und Gärtner und wer immer im Labyrinth unterwegs war ein Abbild von sich selbst und damit auch einen lebendigen Spiegel der Stadt und ihrer Kultur.«

Verborgene Mitte

Bereits nach dem ersten Jahr wollten Quartierbewohner und Beteiligte diesen Paradiesgarten nicht mehr missen. Das Labyrinth durfte bleiben, und die Stadt bewilligte auch eine regelmäßige finanzielle Unterstützung.

Die erste Wegführung wurde noch mal geändert, und es entstand ein Labyrinth mit vier Umgängen durch den Garten, das auf dem Platz in der Mitte weiterführt in ein siebengängiges Labyrinth mit einer Frauenfigur, die Agnes Barmettler gestaltet hat. »Ich musste nicht lange suchen: Wenn ich den Weg des Urlabyrinths zeichne, wird im Zwischenraum diese Figur mit den ausgebreiteten Armen wie von selbst sichtbar. Beim hin und her Gehen in diesem Urbild wurde mir immer deutlicher bewusst: Die Frau im Labyrinth bildet mit ihrem Körper das Orientierungskreuz für den Gang durchs Leben und für den Umgang mit den vielfältigen menschlichen Lebensbedingungen. Ihr Herz liegt im Schnittpunkt der horizontalen und vertikalen Achse. Es ist das Integrationsorgan gegensätzlicher Kräfte, es hält sie im Gleichgewicht. Diese eigentliche, aber verborgene Mitte, an der man auf dem Weg durchs Labyrinth immer wieder nahe vorbeikommt, in die man aber nie hineingelangen kann, ist das Herz der Frau.«

Gartengewachsene Bräuche

Die Labyrinthfrauen begannen, unter freiem Himmel öffentliche Lesungen, Konzerte, Theater, Gespräche, Tanzperformances für alle anzubieten. Es wurden Kreative aus diversen Bereichen der Kunst, Wissenschaft und anderer Metiers in den Garten eingeladen, die bereit waren, während ihrer Veranstaltungen mit den Besucher(inne)n in einen Dialog zu treten. Die Grenze zwischen Darbietenden und Konsumierenden wurde fließend, man befruchtete sich gegenseitig.

Mit Musik und Gesang werden jährlich die Neugeborenen in einem Fest zum Lebensanfang begrüßt. Alle versammeln sich beim Eingangstor, die Großeltern gehen voraus und streuen als Wegbereiter Rosenblüten. Die Kleinen werden von ihren Familien durchs Labyrinth getragen. In der Mitte wird jedes Kind mit einem Klang, einer Melodie oder einem Lied empfangen und von allen gemeinsam willkommen geheißen. Die Namen der Neuankömmlinge werden auf Stoffstücke geschrieben, die während des ganzen Jahres zwischen den Pflanzenbögen wehen, ähnlich einer tibetischen Gebetsfahne. Die Zeremonie endet mit einem Wiegenlied, das in der Labyrinthmitte erklingt, während die Eltern ihr Kind durch den blühenden Garten hinaustragen, gestärkt durch den Segen der Gemeinschaft und der Natur.

Viele solcher Bräuche seien auf natürliche Weise entstanden und würden jedes Jahr im Rhythmus der Natur wiederholt: »Im Frühjahr etwa eröffnet *La Lupa*, eine Zürcher Sängerin, mit ihrer kraftvollen Stimme immer das Gartenjahr und lässt aus der Labyrinthmitte heraus ein altes italienisches Frühlingslied in alle Himmelsrichtungen erklingen.

Einmal wöchentlich pflegen Freiwillige gemeinsam den Garten, Austausch aller Art entsteht, und viel Pflanzenwissen kommt ganz organisch zusammen. Es finden Garten- und Pflanzenkurse statt, Samen, Pflanzen und Geerntetes werden ausgetauscht, es wird gemeinsam gekocht, gegessen und gefeiert. Auch die Jahresfeste bieten dazu immer wieder einen Anlass, etwa der Heiligabend, an dem ein Lichtermeer den schlafenden Garten erhellt.«

An diesem Ort ist deutlich spürbar, dass Menschen die Pflanzen erwecken und umgekehrt; ein Wechselspiel, das die verschiedenen Arten des Seins verbindet, findet in der altehrwürdigen Labyrinthform einen Anker.

Mitten in diesem reichen Paradiesgarten werden wir in den nächsten Stunden sitzen und Geschichten lauschen, in denen Agnes Barmettler eine wichtige Rolle spielte und mit ihrer Kraft der Gemeinschaft viele Impulse gab. Die Zeit löst sich auf, Stunden vergehen, als ob wir in die Pflanzenzeit eingetaucht wären. Immer wieder gehen Menschen andächtig den Weg zu dieser Mitte, oft still versunken. Auf einer Bank findet eine Rückenmassage statt, gleich nebenan wühlt ein Junkie nervös in seinen Taschen, während die heute anwesende Gärtnerin voller Liebe jeden Umgang des Steinlabyrinths kehrt, als würde sie den Boden streicheln. Im Gespräch vertieft nehme ich es wie nebenbei wahr, alles hat seinen Raum hier, auch die Amsel, die ohne Scheu mit ihrem Nachwuchs zu unseren Füßen Würmer sucht.

Frühe Liebe zu allem Lebendigen

Ihre Kindheit verbrachte Agnes Barmettler im Kloster Engelberg in der Zentralschweiz, ihr Vater führte dort die Klosterkäserei. »Es war ein Männerkloster, aber nebenan betrieben Klosterfrauen eine Wäscherei. Mit ihnen durfte ich auch manchmal mit auf die Alp, wo sie mir vieles gezeigt haben, etwa die Thymianpölsterli, aus denen man einen Köpflitee (Tee aus Blütenköpfchen) brauen konnte, oder ich lernte, nicht alle Silbermänteli zu pflücken, damit sie aussamen und weiterwachsen können.«

Agnes Barmettler hatte einen vielfältigen Einblick ins Leben. Sie besuchte die bauernnahe Dorfschule und wuchs mit den Klängen der Ländlermusik auf, gleichzeitig lauschte sie im Kloster den vierstimmigen Messen der Benediktiner. »Unsere Familie lebte in einem Barockhaus, endlose Gänge führten aus dem Haus hinaus, dann ging der Weg vorbei an Schreinerei und Wagnerei über den Klosterhof ins Dorf – fast wie ein Labyrinth …«

Stets war das kleine Mädchen auf Entdeckungsreise, neugierig auf alles Lebendige. »Ich wollte wissen, was in den Menschen vorging, aber auch Tiere, Pflanzen, Kräuter, Beeren interessierten mich brennend.« Manchmal habe sie einfach im hohen Gras gesessen, schauend, staunend, die Zeit vergessend. Die Mutter befürchtete, sie eines Tages nicht mehr finden zu können, also band sie ihr eine große rote Schleife ins Haar, die schon von Weitem aus dem Dickicht herausleuchtete …

»Auch meine Mutter liebte die Blumen, vielleicht habe ich das von ihr. Für sie sammelte ich immer die ersten Blumen im frühen Frühling. Mit der Zeit kannte ich alle Sonnenorte. Weit oben am Waldrand fand ich Leberblümchen, wundersam blau, fast ohne Stiel. Die habe ich für die Mutter gepflückt, dazu ein Schneckenhäuschen gesucht als kleine Vase, und als es nicht stehen wollte, bat ich den Schreiner, ein ›Füßchen‹ zu machen. So kam die Mutter bereits im Februar zum ersten Blumensträußchen in einer kleinen Vase.«

Mit der Zeit kannte das Mädchen viele Geheimnisse, wusste, wo in Engelberg das Vergissmeinnicht wächst, fand das Edelweiß dort, wo die Morgensonne scheint, war bezaubert von den wilden Narzissen auf der Wiese. »Weiter oben entdeckte ich Männertreu, Orchideen und Soldanellen, diese entzückenden Alpenglöckchen. Noch heute gehe ich zu diesen Plätzen und besuche ›meine‹ Blumen. Beim Beerensuchen entdeckte ich den ersten Türkenbund. Und die Blumen lehrten mich, sie nicht gleich zu pflücken, weil sie in meinen Blumensträußen bald so traurig dahinwelkten.« Fortan habe sie am Muttertag Vergissmeinnicht ausgegraben und eingetopft. Vor dem Eintopfen sah es traurig aus, doch dann habe sie es in einen Suppenteller voll Wasser gelegt, da seien die Stiele sogleich wieder aufgestanden.

Das Gefühl dahinter

»Dieses Beobachten und Leben mit der Natur animierte mich sehr zum Zeichnen. Wie zeichnet man eine Osterglocke? Schon sehr früh war mir die stimmige Darstellung wichtig, und ich wollte auch die Perspektive richtig malen. Ganz genau wollte ich das Leben betrachten. Mit der Zeit malte ich dann nicht mehr die Pflanze, sondern vielmehr das von ihr, was man nicht sieht, das erlebte Gefühl.«

Um dieses Dahinterstehende, um das Gefühl, in dem sich das Leben ausdrückt, geht es Agnes Barmettler durchwegs: Das Labyrinth sei – wie alles, was einem im Leben tiefgehe – ein Gefühlstiegel. Jedes Mal sei es anders. Es komme etwas dazu, und etwas anderes sei vergangen, nur die Erinnerung sei noch da. Es sei ein »Inter-esse« im Sinne des lateinischen Wortes »darin, dabei oder dazwischen sein«: »In der Innerschweiz fragen wir einander nicht: ›Wie geht es dir, was machst du?‹, sondern: ›Wo bisch du so drin?‹ Im Labyrinth ist dieses Urmenschliche enthalten, es sind Zeichen, die jeder versteht. Die Richtungsänderung, dieses Hin-und-her-Schwingen zwischen rechts und links, entspricht auch unseren beiden Hirnhälften, dem Einatmen und Ausatmen, dem Zusammenziehen und Loslassen des Herzens, dem Werden und Vergehen. Im Labyrinth kann man nicht einseitig sein, alles kommt auf die Zusammenhänge an. Ein Pflanzenlabyrinth ist ein nie endender Prozess, es ermöglicht allen, ins Bild zu kommen, ein Gehen oder Wandeln in einem Bild, das sich mit jedem Schritt und mit allem, was da wächst, immer wieder verändert: ›im Bilde sein‹.

Wie beim Malen sind das Bilder, die im Moment entstehen. Das ist ein großer Reichtum, aufgeladen durch die Gedanken der Menschen. Es ist einfachstes Arbeiten mit Bildern.«

Die Erde vergisst keinen Schritt

Ein Labyrinth mit Heilpflanzen balanciere das ganze Wesen des Menschen. Gleichzeitig sei auch der gärtnernde Mensch in Form seiner Pflanzen anwesend. »Die Pflanzen heilen durch ihren Anblick, ihren Duft, ihre Schönheit, aber auch durch die Selbstverständlichkeit, mit der sie bleiben, verharren, sich in die Gemeinschaft einbringen, sich weitervermehren oder auch loslassen und sich zurückziehen. Auch die Steine im Labyrinth, in ihrer langzeitigen Energie, oder der Zaubernussstrauch, der mitten im

Winter blüht – das alles lässt einen staunen und gibt unsägliche Kraft. Dieses Staunen über die Besonderheiten bei den verschiedenen Pflanzen und auch bei den verschiedenen Menschen ...«

Von einer Seele der Pflanzen spricht Agnes Barmettler nicht, viel lieber sei ihr das Wort Energie. »Alles, was ist, trägt seine eigene Art von Wissen in sich. Stein, Baum oder Pflanze kennen einfach eine andere Zeit: Es ist ein Wissen um das Sein. Auch das Labyrinth hat ein solches Bewusstsein, denn die Erde vergisst keinen Schritt, wo immer du gehst oder stehst. Selbst in der Physik weiß man heute, dass alles, was man spricht, und auch jeder Ton für immer da ist, die Energie bleibt, sie wandelt sich nur dauernd. Unsere Gedanken sind wie Pfeile – es kann gut sein, dass sie dich wieder treffen ... Pfeile können auch gemalt, gewoben oder sonstwie gestaltet sein.«

Alles, was du zum Überleben brauchst, wächst

Die ganze Welt sei mit einer unermesslichen Lebensfülle gesegnet, und wir würden mit einem unglaublichen Überfluss beschenkt: »Schau nur das Verpackungsmaterial der Samen an, diese komplizierte Vielfalt, um das Fortbestehen der Nachkommen zu schützen. Was für ein Reichtum an Varianten von Früchten – Orangen, Bananen, Wassermelonen ... Alles wächst für jemanden, der es essen kann, alles ist in solcher Großzügigkeit vorhanden. Und das zeigt auch, wie sehr wir andere zum Überleben brauchen.«

Viel habe sie während ihrer Aufenthalte bei den Hopi gelernt: Alles, was du zum Überleben brauchst, wächst – das sei deren

Haltung. So sei zum Beispiel der immergrüne Salbei für sie eine ganz wichtige Heilpflanze, da er das ganze Jahr über zur Verfügung stehe: Man könne ein Salbeiblatt auf eine Wunde legen oder bei Hals- oder Zahnschmerzen zwischen die Lippen oder Zähne nehmen, und die Schmerzen seien nach kurzer Zeit weg. Von den Hopi habe sie auch erfahren, wie wichtig es sei, seine Pflanzen regelmäßig zu hegen: »Wenn sie nicht wissen, dass du kommst, können sie sich ja nicht auf dich freuen …«

Malen mit Blumen

Beim Gärtnern lässt Agnes Barmettler dem Wachstum der Pflanzen gern seinen natürlichen Lauf: So darf mancher Chicorée sich auswachsen, sie freut sich an seinen prächtigen blauen Blüten und lässt ihn aussamen. Ein bisschen Permakultur, aber auch bewusstes »Malen« mit Blumen, ein Spiel mit mehrjährigen Stauden, ihren Blättern und Blüten und den Jahreszeiten.

»Roter großer Mohn, kombiniert mit rosa oder weißen Pfingstrosen, daneben die blauen Blüten der Schwertlilien auf schlanken Stielen vor rankender cremeweißer Klematis; oder die zartgrünen Blüten des Frauenmantels zusammen mit Rosen, ein lockeres Wölklein Amaranth, dunkelrot über gemischtgelben Ringelblumen und wilden Malven; oder gelbe Tulpen und dazwischen die kleinen lila Blüten von wild gekeimtem Storchenschnabel – was für ein Anblick!«

Der Garten bereite ihr eigentlich nie viel Arbeit, sagt Barmettler. »Was ich pflanze, das wächst meistens. Vieles keimt selber wieder. Etwas ausdünnen, schneiden und mulchen, stützen und schützen gehört zum Tun und im Herbst etwas für die Vögel stehenlassen, das andere vergehen lassen und runter auf die Erde legen, denn sie ist gerne bedeckt. Bis zum Frühling haben dann der Frost und die Würmer das Ihre getan. Es gibt nur ein paar wenige Pflanzen, auf die man aufpassen muss oder die dann auch rausmüssen: Schnurgräser oder Giersch zum Beispiel – denen will ich keinen Raum lassen. Aber es ist im Garten wie im Leben: Du musst dich arrangieren mit den Leuten, die zu dir kommen.«

In diesem Sinn hat sie auch ihren siebzigsten Geburtstag gefeiert: »Nennt mir eine Pflanze, die ihr gernhabt«, bat sie ihre Geschwister, Freundinnen und Freunde und ließ sich die entsprechenden Samen oder Pflänzchen von ihnen schenken. So kam sie zu einem großen Gartenfest mit all ihren Lieben und zu einem blühenden Geburtstagsjahr …

Die Vision von Labyrinthplätzen rund um den Globus ist keine Utopie geblieben. Für zahlreiche Frauen und auch Männer war der Pionierplatz Zürich das Mut machende Beispiel dafür, an ihren Orten ebenfalls ein Labyrinth zu gründen – und von dort ging es weiter …
www.labyrinthplatz.ch
www.labyrinth-international.org

Seelenpflanzen von Agnes Barmettler

»Ich liebe fast alle Pflanzen, ganz besonders aber *die ersten im Jahr,* zum Beispiel das Leberblümchen, eine Kindheits-Heimwehpflanze, ebenso Schneeglöckchen, Krokusse und Schlüsselblumen – und wie könnte ich je die Vielfalt einer *bunten Bergwiese* vergessen, unter tiefblauem Himmel in einer Waldlichtung? Hier summt und zirpt es, Vogelstimmen mischen sich ins Konzert, und da: ein Rascheln und Knacken im Geäst, ich weiß nicht, von wem. Der Wohlgeruch von Harz steigt mir in die Nase, klebt wohl noch immer an meinen nackten Füßen, zusammen mit etwas Erde aus dem Hochmoor, wo ich die ersten Heidelbeeren pflückte. Ein Labsal bei Durst, köstlich der Geschmack auf der Zunge! All die vielen feinen Grasarten verlasse ich nie, bevor ich mich nicht von ihnen habe streicheln lassen. Schon beim Gedanken an ein Zittergras lacht die kindlich gebliebene Seele in mir.

Eine große Vorliebe habe ich für *blau und weiß blühende Pflanzen,* weil die blauen Blüten aus den Wiesen fast völlig verschwunden sind, zusammen mit den weißen Blüten kleine Gartenräume weit werden lassen und zum Teil intensiv duften, so wie der Winterschneeball: Er steht für die verkehrte Welt.

Weiße Duftpflanzen, die vor allem Nachtschwärmer und andere Insekten anlocken, bezaubern mich: etwa der echte Jasmin, wilde Narzissen und Berglilien oder ein Philadelphus-Strauch im blauen Licht der Dämmerung. Natürlich erfreuen meine Malerinnenseele auch feine Abweichungen von reinem Schneeweiß, auch bei den Rosen.

Blaue Blumen und bläuliches Grün von Blättern und Gräsern lassen das Auge ruhen und passen immer zu irgendeiner anderen Farbe. Sie wecken bei mir die kontemplative Seele, wenn ich Hummeln und Bienen dabei zuschaue, wie sie in die Blütenkelche von Glockenblumen oder Lippenblütlern eintauchen, als wäre es ihr Himmel. Und die blauen Rittersporne oder ein Natternkopf, welch eine Pracht! Der Steinsamen und die Bleiwurz ersetzen mir hier mit ihrem schönen Enzianblau diese Bergblumen. Sie breiten sich gerne aus und beschatten im Sommer den Boden, wie dies blaue Polsterpflanzen und die Pfingstnelken tun, die auch im Winter mit ihren schönen bläulichen Blättern dem Garten etwas Farbe schenken – wie der immergrüne Salbei.

Wenn im Frühling die duftenden Veilchen neben blauen Krokussen erblühen, erwacht auch meine Gärtnerinnenseele wieder. Nicht nur die Vielfalt der Arten, sondern auch der Sorten ist mir wichtig. Sie alle haben eine ihnen eigene Seele. Also genieße ich die kleinen Unterschiede, die bei jeder sinnlichen Wahrnehmung wichtig sind, wie die zarten Gerüche der Blüten und Früchte diverser Obstbäume oder den Geschmack verschiedener Tomaten, Trauben und Beeren … Auch die *jungen Blätter essbarer Pflanzen* sind mir wichtig als Vitaminspender, etwa von Scharbockskraut, Malven, Primeln, Sauerampfer, Löwenzahn, Winterkressen oder Bärlauch. Sie sind einfach gut als gemischter Salat.«

Liebe

VERBINDUNG · ERFÜLLUNG

Naturzeit:
21. Juni
Sommersonnenwende
Himmelsrichtung:
Süden

Jetzt hat die Sonne ihren höchsten Stand erreicht und entfaltet ihre ganze feurige Kraft. Prächtige bis glühend heiße Tage laden ein, das Leben in seiner Vielfalt zu genießen.

Doch an diesem höchsten Punkt dreht sich das Jahresrad bereits wieder: Mit dem längsten Tag und der kürzesten Nacht sind wir am Wendepunkt angelangt, die Tage werden wieder kürzer, das Licht unmerklich weniger. Noch breitet sich das Sonnenfeuer wie ein roter Mantel über die Erde und regt alles Lebendige an. Die Pflanzen sind in ihrer ganzen Fülle, sie dehnen sich aus, bilden ihre Früchte und werden reif. Heilkräuter können gesammelt, erstes Obst und Gemüse geerntet werden, in ihnen die lichtvolle Sonnenkraft. Voller Düfte, Farben und Süße verschenken sich die Pflanzen, nähren Körper und Seele. Die Natur zeigt sich jetzt in ihrer heilenden Mütterlichkeit. Sie beschenkt uns mit goldenen Tagen, sternenklaren Nächten und schillerndem Morgentau.

Nur manchmal fühlt man die sich neigende Kraft. Sie erfüllt mit leiser Wehmut und mahnt, dass alles in stetigem Fluss ist, dass dem Licht unweigerlich die Dunkelheit und der Fülle die Leere folgt; dass Wandel und Werden in unserem Menschenleben als Einziges von Bestand sind.

In Blüten
getauchte Seelen
im Morgentau,
über dem schlafenden Garten
ihre stille Melodie.

Begegnung mit Seelengärtnerin Orna Ralston

»Im Garten kommt man in einen Zustand des zufriedenen Daseins, frei vom Denken. Diese Eingebungen sind nicht so sehr mit dem Ich verwoben. Es ist ein gelöster Zustand, eine Art von Gartentrance, in der man auf zarte Weise inneren Impulsen folgen kann.«

ORNA RALSTON

Das Basler »Trämli« verlässt den Kurs geradeaus durch die Stadt, kriecht unverhofft zwischen Bäumen steil bergan. Der Jakobsberg sei ein Teil des Jakobsweges, wird mir Orna Ralston wenig später erzählen, ein Wegstück, das Pilgernde auf wenig befahrenen Quartierstraßen durch die Ortschaft führe. Hier verlaufe wahrscheinlich auch eine Leyline. Als sie zum ersten Mal vor ihrem jetzigen Haus inmitten dieser alten Bäume stand, seien ihr die Tränen gekommen … Tatsächlich fühlt man sich hier in diesem Baumhain von Vogelgezwitscher und sanftem Blätterrauschen friedvoll willkommen geheißen.

Orna Ralstons Welt ist Gesang, Klang und Musik. Von Kindheit an hat sie besonders feine Ohren. Ihre Gabe der Hellhörigkeit und Hellfühligkeit nutzt sie heute als Klangheilerin und Sängerin. Mit ihrer Stimme vermag sie auf einzigartige Weise, die Herzen zu berühren und starke Heilimpulse auszulösen.

Die Pflanzen in ihrem Vorgarten scheinen es zu genießen, in diesem Feld von Klang zu wachsen: Ein blühender Vorgarten zeugt von der Heilkraft dieser Schwingungen, von viel Zuwendung und liebevoller Gärtnerinnenhand. »Im Land der Pflanzen bin ich allerdings nicht viel mehr als eine ›Touristin‹«, sagt Orna Ralston bescheiden. »Die Wesenswelt der Menschen ist eine andere als die der Pflanzen. Mit Menschen und ihrer Seele habe ich inzwischen viel Wissen sammeln können. Die Pflanzen aber haben ein anderes Sein, da kann ich nicht auf meine Erfahrungen zurückgreifen und vergleichen, Hellhörigkeit hin oder her.«

So wisse sie zum Beispiel von einem Versuch, bei dem Pflanzen über längere Zeit täglich eine Stunde lang mit einer Sonnen-

Planeten-Schale (einer Klangschale, die nach der berechneten Umlaufbahn der Sonne gestimmt worden ist) beschallt worden sind und daraufhin mitten im Winter geblüht haben – »doch Ähnlichem bin ich selber nie nachgegangen«.

Diese Frau ist wahrhaft gründlich bis in die Wurzeln hinab. Von ihr gibt es nichts zu erfahren, was nicht von ihr selbst durchlebt worden ist. Und davon zeugt auch ihr Lebensweg.

Universalkraft mit der Stimme kanalisieren

Bereits als Mädchen habe sie innerlich sehr klar die Stimme einer alten Frau vernommen, die sich mit der Zeit als eine Art geistige Lehrerin entpuppte und ihr sogar beibrachte, wie sie singen sollte. »Irgendwann kam ich zu dem Entschluss, dieser Stimme zu vertrauen, und immer wieder führte sie mich dann an die richtigen Orte.«

Diese Art von Hellhörigkeit ließ sie Dinge wahrnehmen, die anderen verborgen blieben, und bestärkte sie immer mehr darin, ihren Eingebungen zu folgen: »Mit einem Berufsdiplom manifestierte ich meinen Eltern zuliebe, dass ich die Regeln dieser Welt akzeptierte – um dann sobald als möglich den Weg der Musikerin einzuschlagen.«

Doch so erfolgreich sie in der Schweizer Musikszene auch war: Sie wurde von immer stärker werdenden diffusen Schmerzen am ganzen Körper geplagt. Auch psychisch sei sie durchgeschüttelt worden. »Ich fühlte aber immer, dass ich nicht körperlich krank war und dass diese Beschwerden andere Gründe haben mussten. Obwohl ich darunter litt, behielt ich es für mich.«

Während eines schamanischen Seminars erlebte sie einen alles sprengenden »Dammbruch«, und ihre Bestimmung wurde immer klarer. Wai Tuora Morgan, eine neuseeländische Schamanin, nahm sie daraufhin als Schülerin und persönliche Assistentin an und verriet ihr den wahren Grund ihrer Beschwerden: »Du trägst schamanische Energien in dir …« Sieben Jahre lang begleitete sie die Neuseeländerin zu Seminaren in Europa und Neuseeland, lernte von ihr, indem sie auch lehrte. Heute wirkt sie selbst als Schamanin und gibt ihr Wissen als Lehrerin weiter. Seit sie ihre besondere Gabe lebt, Universalkraft über ihre Stimme zu kanalisieren, sind die Schmerzen und Beschwerden, die Teil ihrer »Schamanenkrankheit« waren, verschwunden.

Wie ein schönes Lied

Vor ihrem Haus erblühen gerade die Rosen in schönster Pracht. »Dieses Orange, Rosarot, Lachs … es ist wie ein schönes Lied. Schöne Farben, Formen können dasselbe mit mir machen, die Ansicht oder der Klang gibt mir Geborgenheit, Seelennahrung, es ist ein Lächeln: ›Das Leben ist so schön!‹ Auch der Duft hat diese Botschaft, den muss ich manchmal richtig einsaugen … Beziehung zu diesen Blumen entsteht über Berührung, wenn wir die Pflanzen mit uns in Kontakt kommen lassen. Die Schönheit und der Duft dieser Blumen lassen ihr Wesen an mich heran, lassen meine Liebe und mein Interesse für sie wachsen. Diese Farben, der langsame Farbwechsel während der Jahreszeiten, berühren meine Seele und lassen sie schwingen.«

Wenn die Blätter krank seien, tue es ihr leid, und sie versuche, alles zu tun, damit es ihnen besser gehe; manchmal komme auch ein innerer Impuls, was es zu tun gebe.

»Letztes Jahr ist der jetzt vor Kraft strotzende rotorange Rosenbusch beinahe gestorben. Der Gärtner riet mir, den ganzen Stock auszugraben und im Kehricht verbrennen zu lassen, diese Rosenkrankheit würde sonst alle anderen Rosen anstecken.«

Mit der Schaufel stand sie vor dem kläglich aussehenden Gewächs, als sie plötzlich in sich den Impuls vernahm: »Gib mir noch eine Chance, lass mich drinnen, schau nächstes Jahr noch mal …« Sie vertraute der Wahrnehmung und ließ die Pflanze stehen. Ohne viel Hoffnung gab sie ihr ein paarmal Brennnesseljauche, innerlich aber begann sie sich bereits von der Rose zu verabschieden. Umso größer war die Freude, als ihr feines Hineinlauschen gleich mehrfach belohnt wurde: »Trotz des Dauerregens, der uns in diesem Sommer heimsucht, ist sie wieder in ihre volle Kraft gekommen, hat gesunde Blätter und viele wunderbare Blüten.«

In einem meditativen Zustand den Pflanzen zu lauschen und sie geistig wahrzunehmen sei nichts, was man klar in Worten formulieren könne. »Es sind zeitlose Momente mit unsäglich vielen Möglichkeiten. Im Garten kommt man in einen Zustand des zufriedenen Daseins, frei vom Denken. Diese Eingebungen sind nicht so sehr mit dem Ich verwoben. Es ist ein gelöster Zustand, eine Art von Gartentrance, in der man auf zarte Weise inneren Impulsen folgen kann.«

Alltagstauglichkeit

Wenn man Pflanzen liebe, sagt Orna Ralston, lohne es sich, sie auf allen Ebenen kennenzulernen. Dabei sei es auch hilfreich, praktische Dinge zu lernen, etwa wie man Rosen richtig schneidet. »Glück hat, wer im Garten einer Mutter oder Großmutter heranwuchs, die kundig darin war, wo Pflanzen gerne wachsen und was sie brauchen. Manche Pflänzchen sind so fein und zart, dass sie je nach Ort Mühe haben zu gedeihen: Lichtverhältnisse, Wasser, Mineralien, Nachbarschaften – das alles spielt eine Rolle.«

Nicht nur inneres Wissen, auch äußeres Wissen sei gutes Wissen. Sie glaube jedenfalls kaum, dass man Pflanzen mit reiner Lichtnahrung und Liebe zum Wachsen bringen könne, sagt sie schmunzelnd. Die Dinge seien viel komplexer, als man annehme, es sei aber auch nicht alles immer nur auf die Seele zurückzuführen. »So wie beim menschlichen Körper ja längst nicht alles nur immer psychisch ist, sondern manchmal einfach Substanzen oder ein natürlicher Rhythmus fehlen, die Genetik mit hineinspielt – so fehlen den Pflanzen manchmal auch einfach genug Licht, Wasser, der richtige Boden oder die passende Nahrung.«

Natürlich seien Wertschätzung, das Gefühl, die Liebe und der Austausch mit den Pflanzen ebenfalls ein wichtiger Teil, schließlich seien sie keine leblosen Wesen. Wie nebenbei fällt ihr ein, dass sie stets vor sich hinsummt, wenn sie bei ihren Pflanzen ist. »Mit den Schnecken habe ich versucht zu reden, doch die haben mich nahezu zur Verzweiflung getrieben, es klappte zuerst ganz und gar nicht – bis ich merkte, dass sie ganz langsam immer weniger werden. Inzwischen können sogar meine Echinacea-Pflanzen unbeschadet wachsen, während die Nachbarn noch immer wegen der Schneckenplage verzweifeln.« Vielleicht sei sie ja doch eine Schneckenflüsterin, rätselt sie – nicht ohne Schalk –, um sogleich wieder eine Kehrtwende zu machen:

»Längst nicht alles, was geschieht, hat immer mit mir zu tun. Pflanzen wachsen dort, wo die Umgebung und die Bodensituation für sie stimmen. Manchmal begegnet man auch im Leben einfach jemandem, der einem etwas zuleide tut – beabsichtigt oder unbeabsichtigt. Ob ich es dann persönlich nehme oder nicht, ist meine eigene Freiheit. Würden wir nicht immer alles auf uns persönlich beziehen, wären wir viel entspannter.« Das alles sei Leben. Und in diesem Leben gebe es Aufbau und Abbau, stark und schwach, manche fressen, andere schützen, wieder anderen sei das alles egal.

Was für sie zähle, sei die Alltagstauglichkeit, sie möge keine Fantasiegebilde: »Wichtig ist mir, was etwas mit meinem Leben macht und mit dem der anderen. Wie werde ich ein besserer, ein glücklicherer Mensch? Wenn ich mit etwas gehe, bleibe ich lange damit … Dabei haben der Blick und die Wahrnehmung viel mit Liebe zu tun – das macht dann auch die Interpretation aus.«

Früchte der Kindheit

Orna Ralston ist nicht mit Pflanzen aufgewachsen, sondern in einer Künstlerfamilie, umgeben von Steinen und Bildern. Doch Blumen habe sie schon immer besonders zärtlich geliebt: »Wenn man mich nach einem Wunsch fragte, so war es stets ein Blumenstrauß.«

Zu ihrem Garten hat sie einen tiefen Bezug und spürt noch immer diese Liebe zu den Pflanzen. »Wenn ich etwas pflanze, hat es immer mit einem Gefühl in mir zu tun. Und wenn ich gut hinschaue, kann es gedeihen. Man kann nicht einfach eine Pflanze in die Erde setzen und sie dann ihrem Schicksal überlassen. Stärker ist auch hier immer, wer sich Raum nimmt. Möchte man zarten, sensiblen Pflanzen einen Platz geben, so muss man sie schützen – so wie man die zarten Seiten in sich schützen muss, die sich fürchten, ausgelacht, niedergemäht oder zertrampelt zu werden.«

Die Fichte wache über den Garten und biete den Raben Heimat, während Birke, Rosen und Johanniskraut sie mit ihrer Schönheit und Leichtigkeit bezauberten.

Viele gute Kindheitserinnerungen und Sehnsüchte haben im Garten ihren Platz finden können: »Man sieht, dass ich gern genieße … Ich habe viele feine Früchte und Beeren, die man essen kann. Der Maulbeerbaum erzählt von glücklichen Kindertagen in Spanien, vom Genuss der Süße und von blau gefärbten Kleidern, Händen, Gesicht und Mund … Die wilden Piratenspiele und das Gefühl von der Freiheit des Südens schwingen noch heute im Duft des Rosmarins. Die Palögali, diese kleinen orangegelben Pflaumen, die Johannisbeeren, Heidelbeeren sowie die Kirschen, die ich früher immer beim Nachbarn geklaut habe – das alles wächst nun in meinem eigenen Garten.«

»Ich ernte das Obst immer mit Freude und Dankbarkeit, es ist jedes Mal ein Geschenk.« Sie habe das Gefühl, die Früchte wollten geerntet und gegessen werden. Auch die Blumen, wenn sie mit guter Absicht und mit Freude an ihrer Schönheit geschnitten würden. Manchmal fühle sie aber auch ein »Nein«, und das akzeptiere sie immer. »Ich habe grundsätzlich nicht das Gefühl, es müsse immer alles in seinem Zustand bleiben – aber es hat mit der dahinter stehenden Absicht zu tun: Es ist ein Unterschied, ob ich etwas boshaft zertrample oder aber in bester Absicht ernte … Wenn wir immer nur nehmen, kommen wir auch an unsere Grenzen. Hier gibt es sehr viel Entwicklungs- und Lernbedarf, neue Wege wie zum Beispiel Permakultur, naturnahe Bienenhaltung … sind zu gehen. Die Pflanzen, die wir ausgebeutet und mit Dünger vollgestopft haben, zeigen uns ja, dass es ihnen an etwas mangelt. Wir Menschen spüren das durch Allergien, schwächere Körpersysteme und Krankheiten.«

Pflanzen sind Seinswesen

Auf einem Spaziergang begegnen wir mächtigen, alten Baumriesen. Die Luft ist frisch und rein, die Lunge weitet sich. Was für ein idyllischer Hain! Auf welche Weise vermag man hier wohl das Lied der Pflanzen wahrzunehmen? Ob es möglich ist, mit dem Gänseblümchen zu unseren Füßen lauschend in Kontakt zu treten und seine Melodie zu hören?

Eine ganze Weile bleibt Orna Ralston still, um sich dann mit ernster Miene aufzurichten: »Ich bin mir gerade der verschiedenen Felder und Stimmungen bewusst geworden, die an einem Ort wie diesem einwirken: Leylines, Erde, Pflanzen, aber auch Emotionen, die hier gelebt worden sind und immer weiter schwingen.« Es sei, als bewege man sich in einer Mischung aus verschiedenen Farbtöpfen … Dabei sei ihr nicht klar, welcher Klang was bedeute und woher er stamme. »Dieses Gänseblümchen fühlt sich für mich an wie der Teil einer Gesamtseele, doch was davon ist jetzt Umgebung, was Boden? Es hat eine kleine und feine Energie, vermittelt das Bild der Sonne, ein Lächeln, es ist ein kleines Sonnenmädchen.« Aber sie vertraue solchen Wahrnehmungen nicht sogleich: »Ich möchte ein Gebiet länger und gründlich erforschen. Aus meiner Sicht werden oft allzu leichtfertig vage Ahnungen als Wahrheiten verkündet – launische Eingebungen, die zu wenig in der Tiefe gründen …«

Nachdenklich schaut sie in die Ferne: »Pflanzen haben ein anderes Aufnehmen der Welt, sie reflektieren nicht, leben nicht wie wir im Bewusstsein des ›Ich sterbe‹, sondern sie ›sind‹ – sie sind Seinswesen. Es ist schwierig, dafür Worte zu finden. Die Kommunikation mit ihnen ist Gefühl, Bild, Qualität … Es ist mehr als Spüren, eher ein Aufnehmen …«

Die Heilkraft der Bäume spüren

Bäume seien ihr vertrauter, sie nehme deren Eigenenergie als wesentlich stärker wahr: »Mir fällt es leichter, mich auf diese Weise auf Bäume einzulassen. Hier! Dieser uralte Baum strömt eine sehr intensive Schwingung aus.« Erst später werden wir herausfinden, dass es sich bei diesem alten Baum um eine besondere Buchenart *(Fagus sylvatica dawyck)* handelt, die wir beide jetzt spontan nicht bestimmen können.

Mit dem Rücken an den Stamm gelehnt setzt sie sich und schließt die Augen. »Ich fühle, wie seine Kraft ruhig in mich hineinfließt, zuerst den Körper hinunter, dann in den Kopf. Diese Energie entspannt mich, gibt mir ein Gefühl des Ankommendürfens. Sie wirkt stark im Unterleib. Aber auch mein Gehör geht auf, jetzt vernehme ich die Vögel viel stärker. Alles rundherum wird immer unwichtiger, selbst die laute Musik der Jugendlichen nebenan, die mich normalerweise nerven würde. Ich fühle tiefe Entspannung, Erdung, Öffnung nach unten. Ich spüre, dass auch der Baum meine Energie nun wahrnimmt, sie darf einsinken, da ist Begegnung, Austausch …«

Mehr und mehr vernimmt sie einen tiefen, brummenden Ton, fast wie ein Rhythmus, aber weicher, Welle um Welle. »Mit jeder Welle fließt erneut diese Baumstimmung in mich, es ist ein Atemrhythmus, der jetzt langsam leichten Schwindel bei mir auslöst …« Ein Grund für sie, sich behutsam vom Baum zu lösen. »Offensichtlich kann dieser Baum dabei helfen, den Kopf loszulassen, Unterleib und Wurzeln zu aktivieren und sich zu entspannen. Vielleicht ist es seine Medizin, Weiblichkeit und Sexualität zu stärken, zu entspannen und zu öffnen. Damit könnte man jetzt weiter experimentieren, nachforschen, lesen … oder eine schöne Geschichte weben« – eine Geschichte, die bestimmt spannender und zugänglicher wäre als ihre Wahrnehmungen von Brummen, Rhythmus und tiefen Tönen, etwa so:

»Dieser wunderbare, mütterliche, weibliche und in sich ruhende Baum hat mich zu sich gerufen: Entspanne dich, es ist gut, atme tief, *sei* einfach … und sei jederzeit wieder willkommen, wenn du in den Arm genommen werden willst.«

Das wäre eine schöne Mischung aus Fantasie, Gefühl und dem, was wirklich stattgefunden hat, meint sie. »Die Emotionen, die darin anklingen, würden es ansprechender wirken lassen. Ich möchte versuchen, so nahe wie möglich bei dem zu bleiben, was ist – doch das könnte man nur im Vergleich mit vielen weiteren Baumerfahrungen wirklich subtil wahrnehmen.«

Ein weiterer Baum hat Orna Ralstons Aufmerksamkeit geweckt, sie nähert sich behutsam und setzt sich zu seinen Wurzeln. Auch diesmal wissen wir nicht, um welche Baumart es sich handelt – nach etwas Detektivarbeit wird später klar, dass es sich um eine besondere Lindenart *(Tilia euchlora)* handelt. Hier in diesem Park wachsen besondere Baumarten und auch Zierbäume, was ein Experimentieren ohne »Vorurteile« ermöglicht.

»Diese Energie fühle ich augenblicklich im Herzen und im Hals. Sie weckt in mir das Bedürfnis zu weinen«, stellt Orna Ralston sogleich fest. Die Kraft dieses Baumes fühle sich sehr stark an, sie fließe wie durch Schleusen sofort in sie ein, in einem Strom, den sie diesmal nicht als rhythmisch vernehme, sondern eher wie ein »Ssss…« Es wirke auf sie wie Reinigungsklänge: »Ich muss mich an mir selber festhalten …« Gleichzeitig würde ihr kalt, sie beginne zu zittern und fühle sich immer unsicherer. »Vielleicht hat dieser Baum genau die Medizin, bei Unsicherheit zu unterstützen.«

Zu einem Gefäß werden

Aussagen wie diese lässt Orna Ralston nur für einen winzigen Moment stehen: »Die Schwingung eines Baumes ist das, was an Möglichkeiten in ihm vorhanden ist. Das Gefäß oder die Form dafür müssen wir selber finden. Der Baum hat als eigenes Wesen sein eigenes Dasein.« Es sei vermutlich kein Zufall, dass sie vor allem die Medizin der Bäume wahrnehme, denn das sei ja auch ihre Art der Resonanz als Heilerin. »Trotzdem traue ich den ›Geschichten‹ nicht, die ich jetzt auf diese Weise wahrgenommen habe, denn sie sind bereits Interpretationen.« Die Frage sei doch auch: Wo bin ich offen? Wer zum Beispiel die Gabe der Hellsichtigkeit habe, werde Farben oder Symbole sehen. Sie hingegen fühle und höre, versuche in Resonanz zu gehen, das Angebot anzunehmen und damit zu arbeiten. Doch jeglicher Versuch des Verstehens sei bereits geprägt vom eigenen Filter.

Während wir nun durch das Wäldchen zurück zu ihrem heimischen Garten spazieren, macht sie mich auf die Bodenschwingung aufmerksam, auf die herzigen kleinen Pfade und das Feld von Birken, Ahorn und Buchen in ihrer gemeinsamen Schwingung, die so leicht und aufbauend auf sie wirke: »Das geomantische Feld spielt immer eine Rolle, genauso wie Sonne, Wasser, Mineralienzufuhr – das alles beeinflusst die Ausstrahlung und Wirkungsweise der Pflanzen.«

Und als ob nun ein neuer Impuls in ihrem System wirken würde, erinnert sie sich unverhofft, wie sie lauschend ein ganzes Seminar von Bäumen empfangen hat: »Ich bin es gewohnt, meine Seminare nicht groß vorbereiten zu müssen. Ich schlafe ruhig, und am Morgen erfahre ich dann im Zustand zwischen Erwachen und Schlaf, wie ich den Tag mit den Leuten gestalten werde, ich lausche dann manchmal ganzen Vorträgen.« Doch jenes eine Mal sei alles ganz anders gewesen: Sie erwachte, und in ihrem Kopf war es still. »Das Seminar begann noch am selben Tag, und ich kam ins Rotieren. Auf einem Spaziergang versuchte ich mich zu sammeln, als ich plötzlich in Resonanz mit der Baumseele des Waldes kam. Ich vernahm innerlich klare Anweisungen von den Bäumen, wie ich vorgehen solle. Es wurde eine langsame Annäherung an die Bäume, die über das Berühren der Rinde und der Blätter bis hin zum Singen, Bewegen und Tanzen mit Bäumen führte.«

Obwohl sie alles zuerst als unglaublich chaotisch empfand, lauschte sie immer wieder aufs Neue und setzte alles Gehörte Schritt für Schritt um. »Wusste ich nicht mehr weiter, ging ich hinaus in den Wald und horchte, wie ich nun fortfahren sollte.« Ein wunderbares Seminar in der Natur sei das geworden, stimmig bis ins letzte Detail, sicher und geborgen unter dem schützenden Dach des Waldes: »Über die Nähe zu Bäumen und Pflanzen führte es zur Nähe mit anderen Menschen.«

Auch ihr Gesang entstehe erst aus dem Lauschen, sei Ausdruck der Inspiration, wenn die Seele in Schwingung versetzt werde. »Bäume schaffen eine Atmosphäre von Inspiration, die den Gesang verändert. Es findet eine Berührung statt, innerhalb derer viel geschehen kann. Manchmal wird dann der Wald ganz still, selbst die Vögel scheinen diesem Gesang zu lauschen, kein Wind, kein Blättchen bewegt sich mehr …«

Seelenpflanze von Orna Ralston

Rose

Die von der Rose inspirierte Seelenkraft fließt bei Orna Ralston in ihre Musik – wie in dieses Lied, das sie für ein Hochzeitsritual gedichtet und komponiert hat:

My heart is my rose
my rose is my blue
my blue is my longing
my longing is longing for you

you are my spring
my spring is your hands
your hands are full of poetry
waking words in me

this is my day
to fall on my knees
to fall out of every gray
into rose blossom leaves

this is my day
to fall on my knees
to sing out in every way
will you marry me?

you are my shelter
my shelter is your breath
your breath is my voice
i greatfully rejoice

ref.
my heart is my seed
willing to grow
from me to you
into a happy rainbow

Ernte

REIFE · FÜLLE

Naturzeit:
Anfang August
Himmelsrichtung:
Südwesten

Die Sonne hat den Zenit überschritten und ihre Wanderung in Richtung Herbst angetreten. Das Sommerfeuer aber entfacht erst jetzt so richtig seine Glut, versengt gnadenlos die Böden, hinterlässt Trockenheit und Dürre, treibt uns in den Schatten und zum Wasser. Auch die Pflanzen sind dankbar für erfrischende Sommergewitter und kühlende Regentage. Die Abende sind angenehm lau, laden zu Gemeinschaft, Lagerfeuer und zum Teilen ein.

Golden leuchten die Kornfelder, doch die ersten sind bereits von dröhnenden Maschinen gemäht worden. Raubvögel und Raben kreisen am Himmel, stöbern Kleingetier und Mäuse auf, deren Gänge nun frei liegen. Und wie seit Anbeginn flüstert der Schnitter mit der Sense: »Ohne Tod kein Leben.«

Es ist Zeit einzubringen, was in Fülle gewachsen ist, bevor Hagel, Sturm, Fäulnis und anderes uns zuvorkommen. Auch die inneren Früchte, die wachsen und reifen durften, können bewusst geerntet werden. Es gilt jetzt, jede Art von Ernte zu schützen und liebevoll haltbar zu machen, um sich auch in dunklen Zeiten durch ihre Lichtkraft zu nähren, zu heilen und in Balance zu bringen.

Rotgewandete
am Rande des Kornfelds,
noch immer
spielst du
mit der Blüte.
Wie ein Schmetterling
am letzten Tag,
grenzenlos frei
loszulassen,
wenn die Zeit gekommen.

Nomadin im Feld,
schwarz deine Samen
wie die Augen
eines wild gebliebenen Volkes.
Tausende werden
ihnen entwachsen,
über den Feldern leuchten,
auch wenn das Korn
längst geerntet.

Begegnung mit Seelengärtnerin Ursula Bühler

*»Bewunderung ist das Schönste,
was man seinen Pflanzen entgegenbringen kann.
Wenn man sie nicht beachtet,
gehen sie ein.«*

URSULA BÜHLER

Heute schüttet es wie aus Kübeln im Appenzellerland. Regentropfenperlen glitzern in Blüten und Blättern der Pflanzen, die in unzähligen Töpfen rund um das alte Dorfholzhaus prächtig gedeihen. Wässern, nein, das müsse sie heute mal nicht, lacht Ursula Bühler. »Bei Sommerhitze tue ich es täglich, das ist bei Topfpflanzen ganz wichtig, sie brauchen genug Wasser und Nahrung.«

Diese Frau ist es gewohnt, ihre Hände zu benutzen: »Ja, ich habe immer viel helfen müssen«, sagt Ursula Bühler und wirft einen ihrer hüftlangen Rastazöpfe über die Schulter. Ihre Kindheit verbrachte die heute 65-Jährige auf einem kleinen Bauernhof am Zürichsee. »Meine Mutter hatte den Sinn für Blumen, Gemüse und Gärtnerei, ich bin da hineingewachsen. Schon mit vier Jahren bepflanzte ich ein eigenes Gärtchen mit Kresse, Gänseblümchen und Löwenmäulchen«, erinnert sie sich, während sie uns Kaffee eingießt.

»Ich war die Älteste von vier Kindern und wohl etwas ›eigen‹, heute würde man es wahrscheinlich ›hochsensibel‹ nennen – jedenfalls wäre ich lieber ein Einzelkind gewesen! Immer wieder rebellierte ich und trotzte, steckte etwa beim Heuen den Rechen in ein Mauseloch, lief weg und verkroch mich für den Rest des Tages unauffindbar auf dem Heuboden bei den jungen Katzen.« Die damals gängige »Tu-recht-Dressur« habe sie schlecht ertragen und bald gelernt, sich zu entziehen. »Mein Lieblingsplatz war ein Quadratmeter unter dem Ecktisch: Dort konnte ich in Ruhe nachdenken, die fremdsprachigen Bücher meines Vaters anschauen und träumen.«

Kinderträume

Ihre Liebe zu Pflanzen sei schon immer stark gewesen und habe sie bis heute getragen. »Sie sind so schön und sie riechen so gut«, habe sie als Kind immer geschwärmt. »Jetzt rieche ich gleich wieder den Phlox aus Großmutters Garten, der so hoch wuchs. Und den Tagetes, von dem ich nach der Schule oft Setzlinge beim Gärtner holen musste. Diese Blume roch so ›fern‹, als käme sie aus einer anderen Welt; ich wollte sie ganz nahe bei mir haben.« Dieses Riechen ist ihr als ein Geschenk bis heute erhalten geblieben: Spricht sie von einer Pflanze oder trägt sie diese auch nur in ihren Gedanken, so nimmt sie deren Duft so stark wahr, als würde er direkt vor ihrer Nase ausströmen.

Im Wald habe sie immer wieder mit ihrem Vater Pilze gesammelt und dabei auch die meisten Bäume, Sträucher und Beeren kennengelernt. »Er wusste sehr viel, hatte eine ganze Bibliothek über Pflanzen und hat mich damit stark beeinflusst. Bei mir sind die Pflanzen immer da gewesen, sogar nachts. Ich habe viel und lebhaft geträumt. Im Traum bin ich manchmal zum Zimmer hinausgeflogen ans *Bördli* (Wiesenhang) hinüber, wo ich mich träumend zwischen die Veilchen, Schlüsselblümchen und Glockenblumen, Löwenmäulchen und *Nägeli* (Nelken) setzte, die im Frühling und Sommer auch wirklich dort blühten.«

Aber auch am Tag träumte sie oft bei den Pflanzen. Etwa auf dem »Moospölsterli«, ihrem liebsten Platz auf dem Schulweg, wo sie oft einfach nur hockte und die Zeit vergaß. An freien Schultagen sammelte sie wilde Erdbeerchen, die in den Nagelfluhfelsen an der alten Landstraße oben reiften. »Diese köstlichen, aromatischen Beerchen waren für mich sehr wichtig; bis heute sammle ich sie überall.«

Als die Eltern im Glarnerland ein Maiensäss, also eine Alm, auf 1100 Metern Höhe kauften, ging ihr eine neue Welt auf: die prachtvollen Alpenblumen. Immer wieder versuchte sie, Bergblumen in ihr Gärtchen zu verpflanzen – vergeblich. Enzian, Alpenrose und Edelweiß wollten nicht gedeihen, selbst dann nicht, als der Vater ihr riet, deren Heimaterde mitzunehmen.

»Weniger gut gefiel es mir, dort oben im Heu schlafen zu müssen: Das piekste schrecklich, und der Staub machte mir zu schaffen. Ob es wohl an meiner Oma mütterlicherseits liegt? Die ist nämlich eine Adelige vom Schloss Altenklingen gewesen«, sagt sie schmunzelnd. Vielleicht koche sie deshalb so gerne fein und liebe es, sich in schönen Farben zu kleiden und edle Dinge um sich zu haben …

Ab ins Kraut

In einem Haushaltslehrjahr erlernte sie die Kunst des delikaten Kochens, der bewussten Ernährung und des ertragreichen Gärtnerns. Später beschloss sie, Pharmaassistentin zu werden: »Es interessierte mich brennend, mehr zu lernen über Beratung und Gesundheit mit dem Schwerpunkt Heilpflanzen. Nur hundert Heilpflanzen und deren Wirkungsweisen hatten wir für die Abschlussprüfung zu lernen – von den 13 000, die es gibt … Mein Wissensdurst drängte mich, so viele Pflanzen wie möglich zusätzlich zu lernen, mir anzueignen, was auch immer in meinem Erinnerungsspeicher Platz finden konnte.«

Dennoch wollte sie nicht bei ihrem Beruf bleiben, es zog sie in die Ferne. Lehr- und Wanderjahre führten sie auf Reisen in die weite Welt, unter anderem nach Indien: ein Land, das sie mit seiner Intensität überwältigte. »Die Frauen mit ihren Jasminkränzchen und prächtigen Tüchern, Gewürze, Düfte, Räucherwerk und Farbenpracht überall ließen Armut und Elend ab und zu vergessen …«

Wieder zurück am Zürichsee, verkaufte sie fortan indische Gewürze und selbst gesammelte heimische Teekräuter auf dem Markt. Auf dem elterlichen Hof eröffnete sie bald ein Lädeli mit Gewürzen und Heilkräutern, Selbstgemachtem und Dritte-Welt-Produkten. Sämtliche Wildkräuter sammelte, trocknete und verpackte sie in liebevoller Handarbeit: »Von A bis Z. Augentrost, Birkenblätter, Dost, wilder Thymian, Tannenspitzchen, Lindenblüten, Pfefferminz, Zitronenmelisse und vieles mehr.«

Kampf um die Ernte

»Als Erstgeborene war ich nun gleichzeitig für Hof und Obstplantagen verantwortlich, denn der Vater hatte überraschend die Familie verlassen. Der Aufwand wurde mir schlichtweg zu groß. So bezog ich einen Teil der Heilkräuter von einem Bündner Kräuterbauern und erntete und verarbeitete nur noch von Hand, was in Mutters Kräutergarten wuchs: Lindenblüten, Brennnesseln, Pfefferminze, Zitronenmelisse … Die Kräuter habe ich auf dem Dachboden getrocknet. Obwohl ich stets von früh bis spät arbeitete, verfügte ich über unglaublich viel Energie, als ob ich dauernd wieder frisch aufgeladen würde.«

Immer wieder sei es auch ein harter Kampf mit der Natur um die Erträge gewesen. Wind und Wetter machten einen Strich durch die Rechnung, Schädlinge wollten sich ebenfalls an der Ernte gütlich tun. Blau glänzende, leuchtende Käfer fraßen ihr etwa den Pfefferminz weg: »Ich habe sie alle eigenhändig abgeschüttelt und weggetragen, Gift kam für mich nicht in Frage. Die einzige Schädlingsbekämpfung, die ich verwendet habe, war ein Geheimmittel gegen Läuse, das mir andere Kräuterfrauen verraten hatten.« (Rezept siehe Seite 237.)

Die »Chrüselkrankheit« oder Kräuselkrankheit – verursacht durch einen Pilz, der die Blätter im Frühling kraus werden lässt – habe sie durch das Spritzen von Schachtelhalmjauche bekämpft (Rezept Seite 236). Auch mit Brennnesseln könne man solche stärkenden Brühen herstellen, aber das stinke fürchterlich und beleidige ihre feine Nase. Im Übrigen möge sie Brennnesseln sowieso nicht besonders, wunderbare Heilpflanze hin oder her: »Daran ist wohl eine unvergessliche Fahrradbruchlandung im Brennnesseldickicht beteiligt …«

Echte Begegnungen

Ursula Bühler lebte mit ihrem Sohn, den sie allein aufzog, auf dem elterlichen Land in einem Gartenbungalow inmitten von Bäumen und Blumen. Sie war nicht nur als Bäuerin, Gärtnerin und Händlerin tätig, sondern immer wieder auch mit großer Freude als Köchin. Gerne erinnern sich ihre Weggefährten an die großen, üppigen »Hofzmorge« (Hoffrühstück) oder an sinnenfreudige Feste unter den Bäumen, zu denen die zupackende Frau und ihre Kollegen regelmäßig einluden. Nicht nur selbst gebackenes Brot, Zöpfe, Marmelade aus frischen Früchten und andere kulinarische Leckerbissen, sondern auch Kräuter und Blumenschmuck erfreuten die Sinne.

Wie von selbst erwuchs daraus ihre Kurs- und Seminartätigkeit, und damit trat ein neuer Aspekt in ihr Leben. »Mir wurde bewusst, dass ich die Leute nicht mit einem Bestimmungsbüchlein zu den Pflanzen führen wollte. Zur persönlichen Begegnung wollte ich die Menschen anregen. Also ließ ich die Kursteilnehmenden ausschwärmen und sich ganz aus ihrem Gefühl heraus von einer Pflanze ›ansprechen‹ lassen. ›Was kommt auf mich zu? Was zieht mich an?‹ war der Leitfaden.« So habe etwa eine Frau bei einem *Farn* einfach die Zeit vergessen und sei viel zu spät zurückgekehrt. Sie berichtete, ihre Wahrnehmung habe sich immer mehr verändert, unmerklich sei der Farn in ihrer Empfindung zu einer über zwei Meter hohen Pflanze geworden und habe sie mehr und mehr in sein erfrischendes Grün gehüllt.

»Später konnte ich dann solche Erfahrungen mit meinem Wissen aus der Volksheilkunde ergänzen, etwa dass der Farn zu den Urpflanzen gehört und zu Urzeiten tatsächlich baumhoch war. Farnblätter haben unsere Vorfahren gern ins Bett gelegt gegen Rückenschmerzen oder unliebsame Bettgenossen wie Wanzen und anderes Ungeziefer. Man erzählte auch, dass Farnsporen unsichtbar machen, wenn man sie in einer Vollmondnacht sammelt, und man hegte sie wie eine Kostbarkeit.«

»Wie bei menschlichen Freundschaften ist auch mit den Pflanzen die echte Begegnung wesentlich. Als Kind bekam ich manchmal *Baldrian*tropfen, wenn ich nachts unruhig war. Den Geruch dieser Tröpfli liebte ich über alles, sodass ich heimlich davon stibitzte, was mich dann wegen der Überdosierung erst richtig wach machte. Ich habe mir immer gewünscht, diese Pflanze persönlich kennenzulernen, von der es weltweit 350 Arten gibt, doch es hat sich lange nicht ergeben. Bis ich dann – längst erwachsen – einmal am Hirzel bei Freunden zu Besuch war und mich in einem Bachgraben auf moorigem Boden verirrte: Unverhofft stand ich vor einer prächtig rosablühenden und sanft duftenden Pflanze, die so groß war wie ich: Baldrian. Ich habe mich so gefreut! Es war ein starker Moment.«

Später hat sie sich gewünscht, den *Odermenning* kennenzulernen. Und siehe da: Bald darauf entdeckte sie unter der Terrasse ihres Gartenhäuschens seine gelben Blütchen: »Es war ein Aha-Erlebnis, was das In-Beziehung-Treten mit Pflanzen betrifft. Odermennig ist besonders leberwirksam, worauf auch die gelben Blüten hinweisen. Ein Rosengewächs aus der Familie der Fünffingerkräuter, zu denen zum Beispiel auch Blutwurz oder Gänsefingerkraut gehören. Ich habe dies als Hinweis genommen, gut für meine Leber und Nieren Sorge zu tragen. Pflanzenmedizin wirkt dann am besten, wenn man sie aus einer natürlichen Begegnung heraus geschehen lässt und das Angebot zur Heilung annimmt.

Jede Pflanze hat ihre Bestimmung, ihre Wirkstoffe und ihre ganz eigene Heilkraft. Vieles wird über die Signatur einer Pflanze erschließbar: So enthält die *Nuss* mit ihrer gehirnähnlichen Form kostbare Wirk- und Nährstoffe für das Gehirn. *Knöterichgewächse* helfen unseren Knödli, also den Knorpeln und Gelenken. Die feinen Härchen auf dem *Storchenschnabel* ahneln denen auf der menschlichen Haut, tatsächlich kann die Pflanze uns bei Hautproblemen unterstützen …«

Gerne habe sie in ihren Kursen auch die persönlichen Pflanzenessenzen hergestellt (Rezepte siehe Seite 235), mit deren Hilfe man den ganz eigenen Weg mit seinen Seelenpflanzen entdecken und weitergehen könne.

Nähren und Tränken

Das Kurswesen hat sie längst wieder verabschiedet. Mehr als das Weitergeben von Wissen liebt sie die handfeste Ebene mit den Kräutern: Kochen und Trocknen; Salben, Tinkturen und Extrakte herstellen; vor allem aber das Hegen und Pflegen der Pflanzen.

»Dem aktuellen Boom, Wildkräuter zu sammeln, stehe ich skeptisch gegenüber. Es ist heute sinnvoller, seine Kräuter in der Gärtnerei zu kaufen oder selber im Garten anzusäen. Der heimische Wildpflanzenbestand hat in den letzten Jahren bedenklich abgenommen. Im Sinne von ›Wehe, wenn sie losgelassen‹ grasen ganze Gruppen von ›Kräuterbegeisterten‹ in Kürze eine Wiese ratzfatz leer. Man sollte beim Sammeln nie alles nehmen oder Pflanzen samt Wurzeln mit Stumpf und Stiel ausreißen. Achtsames Sammeln ist leider für viele ein Fremdwort, bedenkenlos wird alles abgepflückt. Ein guter Rat von mir: Von zehn Pflanzen höchstens drei nehmen. Wenn es weniger als zehn Pflanzen sind, stehen lassen!«

Doch ein viel größeres Problem sei die industrielle Landwirtschaft: Im Appenzell seien die Wiesen so überdüngt, dass überhaupt keine Heilkräuter mehr gedeihen könnten. Da gebe es selbst in städtischen Hinterhöfen und Asphaltritzen noch mehr Biodiversität und Nahrung für die Insekten. »In den Städten ist ein erwachendes Bewusstsein zu spüren, und es gibt hoffnungsvolle Ansätze wie *Urban Gardening* oder das Bepflanzen von Dächern als Bienenweide. Manche Stadtgärtnereien legen sogar Hochbeete mit Wildpflanzen und Gemüse mitten in der Fußgängerzone an. Doch sollte man dann auch wirklich für sie sorgen. Ich sehe einer Pflanze sofort an, ob sie neue Erde oder Wasser braucht und ob die Menschen eine Beziehung zu ihr haben. Manchmal kann ich es auch an einem fremden Ort nicht lassen, dürre Blättchen zu entfernen, die Erde zu lockern oder beim Arzt oder Steueramt einen Kübel Wasser zu verlangen, um eine in einem Treppenhaus vergessene Pflanze zu tränken.

Ich habe auch schon Lorbeerbäume aus einem Abfallcontainer geholt und sie mit Schmierseife und Pinzette von ihren Schildläusen befreit, die wohl der Grund gewesen waren, sie zu entsorgen. Es gilt, den Pflanzen im Topf den fehlenden Außenraum zu ersetzen: das heißt, ihnen genug ›zu essen und zu trinken‹ zu geben. Mich dauern Pflanzen, die mich durstig anschauen und förmlich nach Hilfe rufen.

Wenn bei aller Hege und Pflege Krankheiten auftreten, versuche ich zu erfühlen, was der Pflanze fehlt.

Oft erfrieren Pflanzen im Winter nicht, sondern sie vertrocknen, weil grundsätzlich weniger gegossen wird und die Wurzeln zeitweise einfrieren und dann keine Flüssigkeit aufnehmen können; hier muss man sehr achtsam sein. So weiß etwa kaum jemand, dass viele Palmen täglich Wasser brauchen. Weil Kokospalmen aus Wärmezonen stammen, glaubt man, alle Palmenarten seien an Trockenheit und Hitze gewohnt. Tatsächlich stammen aber viele Palmen aus der Oase und sind auf ausreichend Wasser angewiesen.«

Wenn »oben« eine Krankheit auftauche, dann sei oftmals im Boden ein Mangel. »Das ist ähnlich wie bei den Menschen: Oft ist es dann nötig, sich dem ›Urgrund‹ zuzuwenden. Ich lege großzügig Zeitungen aus, nehme die Pflanze aus dem Topf, entferne vorsichtig die alte Erde und etwaige Schädlinge, schneide abgestorbene Wurzeln weg und bette den Schützling dann in frische Erde in einen sauberen und geräumigen Topf. Den Gefäßboden fülle ich immer zuerst mit einer Lage Blähtonkügelchen, so bleibt der Topf gut durchlüftet.«

Bei Schädlingen müsse man ab und zu schon durchgreifen, sonst komme man im Gartenbau nicht weiter. Je nachdem, würden Schnecken oder andere Fraßviecher bei ihr im Bach oder auf dem Kompost landen. Gesunde, starke Pflanzen seien auch

weniger anfällig für Schädlinge. Das Immunsystem der Pflanzen könne man mit Düngung, aber auch mit den richtigen *Nachbarschaften* stärken: »Dill zum Beispiel hilft den Rüebli, die Möhrenfliege zu vertreiben, die ihre Eier an den Karottenwurzeln ablegt. Hanf wächst besonders gut zwischen Tomaten. Lauch wird neben Sellerie gesetzt, denn die beiden ergänzen sich stofflich wunderbar. Zucchini gedeihen abwechselnd mit Stangenbohnen oder Mais, während Erdbeeren den Spinat, Salat oder die Buschbohnen mögen ...«

An heißen Tagen wird bei Ursula Bühler täglich, ansonsten alle drei bis fünf Tage im großen Zuber gewässert: »Die Töpfe werden so lange ins gesammelte Regenwasser oder sonnengewärmte Leitungswasser gestellt, bis keine Luftblasen mehr aufsteigen. Nachher gieße ich nach, was nötig ist. Die Algen, die sich in dem Zuber gebildet haben, sind gleichzeitig Nahrung. Als Dünger verwende ich neben Kompost auch Moorextrakt, Algenbrühe, Eierschalen in der Gießkanne und hie und da auch künstlich zugeführte Spurenelemente oder am Anfang der Saison Langzeitdünger.«

Bei all diesen Tätigkeiten spreche sie selten hörbar mit ihren Pflanzen, sie »denke« mit ihnen und würdige sie, doch ab und zu komme aus tiefstem Herzen: »Ihr seid so schön!«

Sie habe keine Skrupel, sie später zu ernten, denn genau das sei die Bestimmung der Pflanzen: »Sie freuen sich, wenn sie heilen, ernähren und erfreuen können. Stets verarbeite ich meine Ernte mit Respekt. Schnittblumen nehme ich nie, ich hege und pflege sie einzig und allein für die Schönheit. Bewunderung ist das Schönste, was man den Pflanzen entgegenbringen kann. Wenn man sie nicht beachtet, gehen sie ein – neben Licht, Wasser und Erde ist dies ein wichtiger Teil. Das zeigt, dass Pflanzen empfindende Wesen sind.

Für mich sind Pflanzen und Tiere das Größte, was uns das Leben schenkt. Sie sind meine Seelenretter und bedeuten mir manchmal fast mehr als der Mensch. Meine Liebe danken sie mir mit ihrem gesunden Wachsen.«

Seelenpflanzen von Ursula Bühler

»Die Sympathie für eine Pflanze, die Freundschaft mit ihr kann bereits heilen. Das sind individuelle Heilwirkungen, die nirgends beschrieben werden.

Ich liebe die *Glockenblumen* wegen ihrer Farben und ihrer zarten Beschaffenheit. Ihre Form erinnert mich ans Weihnachtsglöckchen meiner Kindheit oder an das Turmuhr-Glöcklein, das ich immer nachts hörte, wenn ich nicht schlafen konnte.

Alle Arten von *Nelken,* Bartnelken, Bürstennelken sind mir nahe, ihr würziger Geruch freut mich über alle Maßen.

Ebenfalls spricht mich der strenge Duft der *Tagetes* an. Vielleicht entspricht er meiner inneren ›Gouvernante‹, die gerne im Haushalt alles unter Kontrolle hat. In Peru und Bolivien wird aus Tagetes eine Art Pesto oder Salsa verde gemacht. So begegnete mir mein Kindheitslieblingsduft auf dem Teller wieder.

Der *Baldrian,* dieses Urgestein jeder Hausapotheke, wirkt beruhigend aufs Nervensystem und ist mein ganz besonderer Freund. Weltweit gibt es 350 verschiedene Arten. Besonders fein duften die rosa Blüten der Doldenpflanze, die bis zu zwei Meter hoch werden kann. Auch die Katzen lieben diesen Duft, er wirkt auf sie erotisierend und macht sie total verrückt.

Die Süße der Erntezeit macht mich glücklich. Ich liebe die sinnlichen Formen und Farben der *Erdbeeren* oder der herzförmigen *Kirschen*.

Die *Birke* mit ihren Blättern, die spielen und tanzen, bezaubert mich. In meinem ›Moospölsterli‹ der Kindheit gab es Birken und Ligusterbüsche im Kleinformat. Mit ihrer hellen Rinde und den verspielten Blättern erhellt die Birke mein Gemüt, und als Tee getrunken beleben, reinigen und entwässern ihre Blätter.

Auch die *Linde* gehört zu meinen Seelenbäumen. Die Lindenblüten sammle ich, wenn erst ein bis zwei Knöpfchen offen sind. Wie liebe ich diesen Duft, den der Baum dabei ausströmt und der ganze Gegenden einzuhüllen vermag! Nicht umsonst heißt es: ›Wo wir uns finden, wohl unter Linden …‹ In Carpentras in der Provence gibt es jedes Jahr zur Zeit der Lindenblüte ›La fête des tilleuls‹. Dieses Fest war für mich das Vorbild für ein Lindenfest, das ich jeden Sommer veranstaltet habe.

Auch den animalischen Geschmack des *Hanfs* mag ich sehr: Diese Pflanze hat ein großes Potenzial und vielfältige Wirkungsweisen, sie lässt sich als Nahrung, Faser und Heilpflanze verwenden. Leider wird sie bis heute verkannt. Für mich wirkt Hanf vor allem entspannend, entkrampfend und schmerzlindernd – nur eine kleine Auswahl seiner zahlreichen Wirkungen.

Verveine (Zitronenverbene) wuchs bei mir zum Riesenbaum; er wurde einfach zu groß, ich musste ihn verschenken. Die Pflanze beruhigt allein schon mit ihrem Duft. Als Tee ist sie gut für die Verdauung, erfrischt, harmonisiert und wirkt sogar aphrodisierend in ihrer Lieblichkeit.«

Begegnung mit Seelengärtner Wolf-Dieter Storl

»Nicht wir suchen die Pflanzen –
es sind die Pflanzen,
die uns suchen.«

WOLF-DIETER STORL

Aus einer anderen Zeit und einer anderen Welt scheint er zu kommen, denke ich, wie ich ihn an diesem kleinbürgerlichen Allgäuer Bahnhof so stehen sehe mit langem Bart, Dreadlocks und erdigen Gummistiefeln. Doch verschiedenste Wirklichkeiten fließen bei ihm in aller Natürlichkeit ineinander. Vielleicht ist Wolf-Dieter Storl gerade deshalb für viele zur »Ikone« geworden, weil er es vermag, die Fäden zwischen den Welten so selbstverständlich zu verweben?

Der Rummel, der zusehends um seine Person gemacht werde, gehe an ihm vorbei, meint er: »Noch immer tue ich doch einfach das, was ich gerne mache: Gärtnern, schreiben und erzählen …« Seinen Erfahrungsschatz und sein großes Wissen gibt der Ethnobotaniker und Kulturanthropologe seit Jahrzehnten in gehaltvollen Büchern und Seminaren an ein inzwischen lawinenartig anwachsendes Publikum weiter. Es ist die Ernte eines intensiven und eigenständigen Lebens, stets mit und in der Natur und nahe dem Boden.

Als ich vor vielen Jahren mein erstes Buch von Wolf-Dieter Storl in den Händen gehalten habe, war mir, als würde ich an ein warmes Herdfeuer eingeladen, wo man Geschichten und tiefen Weisheiten aus der lebendigen Natur lauschen konnte, und ich fühlte mich zutiefst beschenkt. Endlich fand da einer Worte für etwas, das ich vage in der Pflanzenwelt wahrzunehmen glaubte. Worte und Zusammenhänge, die mich wie viele andere ermutigt haben, dieser Fährte weiter zu folgen, die so mannigfaltige Begegnungen in der Pflanzenwelt eröffnen kann.

Heiliger Berg

Die Begrüßung ist herzlich. Auch Frodo, der kleine Hund, ist mit dabei und beschnuppert die Ankommende freundlich. Bald schon geht es steil bergan über Schotterwege durch die regennassen Wälder. Storl nimmt die Kurven rasant und zuckt mit keiner Wimper, wenn Schlamm bis hinauf an die Scheiben des Geländewagens spritzt.

»Wir befinden uns hier im Grenzgebiet zwischen dem alemannischen und dem ehemals keltisch-römischen Boden; bis 1870 verlief hier auch die Grenze zwischen den Königreichen Württemberg und Bayern. Dies ist echtes Grenzland, zumal hier oben auch noch die kontinentale Wasserscheide das Einzugsgebiet der Donau von dem des Rheins trennt«, erklärt er, während wir in immer dichteres Grün eintauchen und gleichzeitig noch tiefer in die Geschichte dieser Landschaft: Der Berg, auf dem er mit seiner Familie lebt, ist in den Zeiten der Pest ein Rückzugsgebiet gewesen für die geistlichen und weltlichen Herren, deshalb heißt er auch Herrenberg. Lange Zeit war der Hof Herrenberg ein Rittersitz, aber im 12. Jahrhundert ging er in den Besitz des Benediktinerordens über. 1640 hat dann ein Schweizer – der zugewanderte Appenzeller Jakob Besmer – im Lehen des Klosters das Haus gebaut, in dem nun seit bald dreißig Jahren Storl mit seiner Familie lebt. Um 1700 ist das Tal von Vogelfreien und Wilderern besiedelt gewesen, später dann sind die Glasbläser in die Buchenwälder gezogen, wo sie genug Holz schlagen konnten für ihre Schmelztiegel. Auch eine Handvoll Bauern hat ihr Glück versucht auf dem rauen Berg, doch der Schnee kam zu früh und lag zu lange, nur knapp ein Jahrhundert hat die Landwirtschaft hier oben Bestand gehabt. Das Haus wurde zum Wirtshaus, wo sich die Einheimischen trafen, Neuigkeiten aus allen Himmelsrichtungen austauschten und wo man auch hin und wieder Kräutergeheimnisse erfahren konnte.

»Dem *Sanikel* etwa sind alle möglichen Heilkräfte nachgesagt worden. Der im Wald wachsende Schirmblütler war hier in der Gegend die Heilpflanze für fast alle Beschwerden, bevor sich die Leute einen Arzt haben leisten können.«

Eigentlich sei der Ort ein alter Kraftplatz, ein heiliger Berg. »Davon zeugte bis vor kurzem auch noch die kleine Kapelle neben unserem Haus, die einst die Mönche errichtet und dem heiligen Rochus gewidmet haben, damit er sie vor der Pest beschützen möge. Solche christlichen Kapellchen oder Kirchen sind auf vielen heidnischen Kraftorten zu finden – so hat man versucht, das alte heidnische Wissen zuzudecken.«

Vor Kurzem habe aber ein Sturm die mächtige Fichte umgeknickt und das Kapellchen dem Erdboden gleichgemacht: »Nur der Christus am Kreuz, die Maria und der Johannes sind unversehrt geblieben. Für die Leute im Dorf galt das als ein gutes Zeichen …«

Am heimischen Herd

Inzwischen sind wir oben auf der Kuppe angekommen. »Von hier aus sieht man bis zum Säntis, wenn das Wetter klar ist«, sagt er. Wir steigen aus und schauen gemeinsam ins nebelverhangene Tal, das heute den Blick in die Weite nicht eröffnen will. Eine

Rinderherde weidet friedlich auf den regennassen Almwiesen. Noch bevor wir beim Haus ankommen, macht eifrig der winzige Zweithund der Familie, ein Chihuahua, seine Aufwartung: »Ich nenne ihn nur ›Ratte‹ oder ›Käfer‹«, grinst Storl. Seine Frau Christine kommt aus dem großen Holzhaus, heißt uns liebevoll willkommen und lädt zu Kaffee und Köstlichkeiten. Aus der geräumigen Küche dringt ein betörender Duft nach frisch Gebackenem, Kräuterbündel hängen überall.

Freunde oder, wie Storl sagt, »Stammesangehörige« sind zu Besuch und helfen beim Ausbessern der Wände. »Hier gibt es immer etwas zu tun«, lacht Christine Storl. Doch bald sitzen alle gemütlich an einem Tisch, die Zeit zum Plaudern und Lachen fehlt hier niemandem. Geschichten scheinen an diesem Ort nur so aus den Wänden zu purzeln …

»Als wir 1988 hier ankamen, hatten wir ja nichts als unsere bloßen Hände. Noch nicht lange zurückgekehrt von einem Aufenthalt in Indien – zuvor lebten wir in Amerika –, haben wir auf Strohsäcken geschlafen und uns von Wildpflanzen und vom schnell angelegten Gemüsegarten ernährt, soweit es möglich war. Wir hatten ja kein weiteres Einkommen.«

Wolf-Dieter Storl ist in Ostdeutschland geboren, jedoch bereits als Elfjähriger im Frühjahr 1954 mit seinen Eltern nach Ohio (USA) ausgewandert. Traumatisiert von den Schrecken des Krieges, suchte die Familie eine neue Heimat. In der Wildnis der Wälder dort schlug er wieder Wurzeln, fand sein Zuhause. »Aus Liebe zur Welt der Pflanzen studierte ich später Biologie und dann Ethnologie und hatte als junger Wissenschaftler eine erfolgreiche Karriere in Aussicht.« Doch sein Herz drängte ihn, ein Leben in der Natur zu verbringen. So reiste er in Afrika und Asien und lernte von anderen Kulturen, kam nach Bangladesch, Burma, Thailand, China, Japan und Indien, bis er zurückkehrte nach Deutschland, wo er sich zuerst im ostfriesischen Moor niederließ und dann dieses abgelegene Haus im Allgäu fand.

Ob er von den Kräuterkundigen der Cheyenne, den Sadhus in Indien, einem Emmentaler Bergbauern oder von den Antroposophen lernte – stets hatte er offene Ohren und Augen für die lebendige Natur und die ihr innewohnende Weisheit. Was ihn interessierte, war das tiefere Geheimnis, das die Pflanzenwelt umgab. So hängte er seine akademische Laufbahn an den Nagel und folgte diesem roten Faden, spann sich immer tiefer ein in eine Welt der Sagen, Mythen und Heilkräfte der Pflanzen. Daraus webt und verdichtet er bis heute geistigen Stoff, der zu einem tiefen Naturverständnis führt und den Zugang zur uralten Volksmedizin neu belebt.

»Hier oben sind die Winter lang, der Schnee deckt alles zu und schluckt jedes Geräusch. Diese stille Abgeschiedenheit ist eine wunderbare Zeit zum Schreiben.« Dann sitzt er oben in seiner geräumigen Arbeitsstube mit Ausblick über den Garten, gestärkt von der Kraftpflanze aller Schreibenden, dem Kaffee, umgeben von Büchern und überwinternden Gartenzwergen. Hier entstehen seine Werke. »Wenn der Schnee schmilzt und die Holzvorräte zur Neige gehen, geht es raus an die Arbeit, dann kann sich der Geist wieder ausruhen und neue Kräfte aus den Wurzeln schöpfen …«

Beseelte Lebenswelt

»Schade, es regnet heute so stark, sonst könnten wir draußen sitzen«, meint Storl. Tatsächlich gießt es einmal mehr, der Garten schimmert durch die Fenster wie eine grüne Insel. Heute hat die Blattwelt das Sagen und beschirmt Blüten und Früchte der Pflanzen. Doch ein Rundgang muss sein – Regen hin oder her. Die schwarze Katze ist mit von der Partie und folgt uns auf

Schritt und Tritt. »Sie ist oft in meiner Nähe«, sagt Storl und streichelt sie liebevoll. Was für ein prächtiger Garten in seiner Fülle, wüchsige Bohnen klettern in den Himmel, Blumen, immer wieder Wildkräuter, Gemüse … Ein Paradies für Insekten, Wildbienen, Schmetterlinge und allerlei Getier, von dem heute nur ein Spinnchen zu sehen ist. »Kennst du diese Pflanze hier? Es ist Meisterwurz.« Kaum gesagt, kniet er schon auf dem Boden, den Bart in der Erde und mit den Händen wie Schaufeln grabend, zerrend, knackend, um mir ein Stück Wurzel zu schenken. »Hier, für dich. Du kannst daraus einen heilsamen Tee kochen oder die Wurzel in den Garten pflanzen, sie schlägt wieder aus.«

Die Ernte des Gartens sei nicht gewaltig, doch es reiche für die Familie, sagt Storl. »Hier oben wachsen vor allem Kohl, Rote Bete, Karotten und anderes Wurzelgemüse, auch Bohnen und Erbsen besonders gut. Für Tomaten, Gurken, Melonen und Paprika ist es zu kalt. Aber etwas Zuckermais muss sein, meine Frau ist ja schließlich Amerikanerin. Mais braucht allerdings mehr Biomasse, er vertilgt Dünger und Kompost in kurzer Zeit, weil er eine besonders effektive Art von Fotosynthese hat.

Bis vor kurzem hatten wir eigene Pferde, das ist gut für die Fruchtbarkeit der Erde – nicht nur wegen des Pferdemistes. Es sind so seelenvolle feine Tiere! Wir haben unsere Haflinger selber eingeritten und hatten eine starke Verbindung mit ihnen. Doch dann fehlte meiner Tochter immer mehr die Zeit wegen Schule und Hausaufgaben, die Pferde mussten leider zu lange im Stall herumstehen, so haben wir die wunderbaren Tiere schweren Herzens verschenkt.«

Später hätten sie Stallkaninchen gehabt und sie im Sommer im beweglichen Laufstall gehalten. »Sie fressen die Küchenabfälle und alles, was man so mäht. Da wir sie nicht schlachten konnten, weil wir Mitleid mit ihnen hatten, haben wir die Jungen im Wald freigelassen. Gegen Winter hat sie dann meistens der Fuchs geholt. Geteilt werden auch die Erdbeeren mit dem Fuchs, die liebt er besonders. Die wilden Hasen tun sich am Gemüse gütlich, und im Winter, wenn der Schnee hoch liegt, knabbern sie an den höheren Ästen der Bäume. Wenn ich im Sommer den Leuten erzähle, dass bei uns die Hasen auf die Bäume klettern, wollen sie es nicht glauben«, sagt er schalkhaft lächelnd.

»Wühlmäuse gehören sozusagen zur Familie. Sie helfen mir beim Gärtnern; so verpflanzen sie etwa die Topinamburknollen oder den japanischen Knollenziest, ein Edelgemüse, dessen Wurzelknöllchen aussehen wie kleine Michelin-Männchen. Die Wühlmäuse sammeln diese Knöllchen und legen sie in ihre Vorratskammern. Es bleibt immer genug liegen, sodass die jungen Pflanzen im Frühling wieder aus der Erde sprießen, oft an überraschenden Orten.« Die zwei Katzen würden helfen, die Mäuse in Schranken zu halten.

»Ich beobachte immer wieder Populationshöhepunkte in gewissen Jahren, nach denen sich die Bestände auch wieder selber regulieren. Das ist auch bei den Pflanzen so. Die kosmischen Konstellationen spielen dabei eine wichtige Rolle, das konnte die Wissenschaft anhand der Buchen-Mastjahre erforschen: Bis 1799 konnte man zurückverfolgen, dass die Bucheckernernte immer dann besonders reichlich ist, wenn ein Mars-Jupiter-

Saturn-Trigon einwirkt. In diesen Jahren wurden jeweils die Schweine in den Wald getrieben und haben sich so richtig schön fett gefressen. Die Mastjahre haben die Behörden interessiert, denn dann konnte der Staat die Bauern gehörig besteuern.«

Auf Kamillen gehen

»Will man selbst auch etwas ernten aus dem Garten, kann man nicht alles nur wachsen lassen. Für mich sind jene Pflanzen *Unkraut*, die den essbaren, heilenden Kräutern und Gemüsen den Platz wegnehmen. Es ist wichtig, alle wildwachsenden Begleitkräuter im Garten zu kennen, die essbaren wie den Breitwegerich, die Vogelmiere oder den grünen Amaranth – oder auch die Heilpflanzen wie den persischen Ehrenpreis (das Chatze-Äugli), die Brennnessel oder den Vogelknöterich.«

Die Beete lege er in der für ihn idealen Breite von 1,2 Metern an, dazwischen gebe es festgetrampelte Erdwege, sodass man bequem zwischen den einzelnen Beeten hindurchgehen und arbeiten könne. »Die *Kamillen* lieben diese Wege ganz besonders. Im Sommer schreite ich stets auf Kamillenblüten. Unser Besuch getraut sich immer kaum, auf die zart wirkenden Pflanzen zu treten. Doch genau das ist die Überlebensstrategie der Kamille, sie hat es gern, niedergetreten zu werden, denn so wird die Konkurrenzvegetation weggetrampelt, und ihre reifen Samen bleiben an den Fußsohlen kleben und können sich verbreiten.« Seine Großmutter habe mit Kamille fast alles heilen können. »Lieber Kamillen als Pillen«, sagte sie. Ob sich diese Ahnenpflanze hier auch deshalb so wohlfühlt und gerne als Teppich herhält?

»Einmal im Jahr grabe ich den Garten komplett um, auch wenn Gartenfachleute immer wieder davon abraten. Die Humusschicht baut sich sofort wieder auf. Das Umgraben hat den Vorteil, dass der Boden belüftet und Unkräuter wie Quecke und Winde gut entfernt werden können. Ich gieße fast nicht, hacke aber umso mehr, damit die Feuchtigkeit erhalten bleibt und nicht verdunstet und damit der Boden atmen kann.«

Die Wildnis lebt

Die Gartenarbeit sei für ihn Meditation, er liebe dieses stille Tun über alles. Wenn Vögel zwitschern, Bienen summen und sonst alles still werde, dann komme er in Resonanz mit der Erde, den Pflanzen und den Tieren, die Arbeit gehe dann ganz einfach von der Hand. Die Arbeitsfolge sei manchmal nicht wirklich logisch, oft tue er unverhofft etwas anderes, als er vorgehabt habe, doch am Ende des Tages sei alles auf wunderbare Weise erledigt.

»Im Grunde meiner Seele bin ich wohl eher ein steinzeitlicher Jäger und Sammler als wirklich ein Gärtner. Doch als wir vor vielen Jahren auf den Berg kamen, haben wir fast nichts gehabt, von dem wir hätten existieren können. Wir waren darauf angewiesen, uns zu einem Teil aus dem Garten zu versorgen.«

Eine Brennnessel- und Ackerwindenwildnis sei es gewesen, alles war überwuchert. Er habe Meter um Meter freigelegt und umgegraben. »Der Schweiß ist mir aus allen Poren getropft, vor Erschöpfung wollte ich mehrfach aufgeben. Doch meine Frau hat mich mit aller Entschlossenheit vor die Tatsachen gestellt: ›Es bleibt dir nichts anderes übrig!‹ So kam dieser Garten zustande.«

Der Boden ist mit dem Bearbeiten über die Jahre dunkelbraun und fruchtbar geworden. Regenwürmer tummeln sich, und die Pflanzen strotzen vor Kraft. Riesige Kohlköpfe sitzen auf den Beeten, dazwischen immer wieder Blüten; Gruppen von Feuerlilien, Springkraut, ein Feld mit rosa Schlafmohn. Regenperlen schillern in zarter Blütenpracht, im Dickicht gedeihen wilde Stechäpfel, ein Essigbaum: »Den habe ich extra gepflanzt, eine Erinnerung an die Kindheit in Ohio; aus den Blüten haben wir immer Limonade gemacht.« Weit gewanderte Grünlinge und einheimische Kräuter bilden gemeinsam diese friedvolle Oase, in der sie sich mit ganzer Kraft ausbreiten. Rundum wachsen Brennnesselriesen, einheimischer Wiesenbärenklau in Schulterhöhe, den ich noch nie so groß gesehen habe: »Meist werden sie ja zusammen mit dem Gras abgemäht, wenn sie kniehoch sind.«

Im unteren Gartenteil befindet sich der Kompost. Als zeige er mir einen Schatz, hebt Storl die Plane hoch und wühlt mit bloßen Händen im Haufen. »Schau!« Er hält mir eine wohlgenährte, goldschimmernde Blindschleiche entgegen. Wie schön sie ist mit ihrer samtig weichen Haut, diese stille Hüterin des Gartens!

Heilend, weil sie selber heil sind

Am Eingang des Schuppens wächst ein prächtiger alter Holunder, der Hüter von Haus und Hof. Die ersten Beeren färben sich bereits dunkelrot und werden bald zu feinem Saft und Marmelade verarbeitet – Vitamine für eine dunkle und kalte Zeit. Hier lagert das Holz aus den umliegenden Wäldern, das Storl jedes Jahr selbst herrichtet. Viele Stunden Arbeit liegen da sichtbar, säuberlich aufgeschichtet. Meterhoch wartet diese im Holz gespeicherte Sonnenkraft auf die kalten Wintertage.

»Holz ist lebendige Erde, die Triebe der Bäume sind wie kleine Pflanzen. Alte Bäume haben einen besonders starken Charakter. Die Naturgeister nehmen gerne in ihnen Wohnung. Im Alltag sehen wir sie als Vögel, Eichhörnchen, Raupen, Wildschweine und andere Tiere, die mit den Bäumen verbunden sind. Aber die Bäume werden auch von Wesenheiten ›begeistert‹, die keinen physischen Leib haben, jedoch ätherische und astrale Leiber. Bei Vollmond und Musik können diese Naturgeister in uns Menschen hineinspringen und die Fruchtbarkeit herbeitanzen. Früher wusste man, dass durch solche Fruchtbarkeitstänze die Gärten und Äcker beseelt werden und besser wachsen. Meist ist es ein Zusammenwirken von der Energie des Baumes oder der Pflanze mit dem, was wir selber als Menschen in uns tragen.«

Zu den Naturgeistern gehören auch Heinzelmännchen und Zwerge. Man kennt sie in fast allen Kulturen. Aber wie man sie sieht und beschreibt, ist unterschiedlich, denn die kulturgeprägten Vorstellungen spielen dabei eine große Rolle. Auch bei den Naturvölkern sagt man, die Zwerge seien klug, würden den Menschen gerne helfen und bei Heilritualen auftauchen. »Doch bei den Indianern erscheinen sie in Gestalt kleiner Irokesen oder in Afrika als Pygmäenzwerge, während unsere Zwerge dem Bild der keltischen Bergarbeiter entsprechen mit ihrem Wams, der Zipfelmütze und den Stiefeln …«

»Als ich einmal sehr müde war nach einem strengen Tag im Garten sank ich in eine Art Zwischenreich. Da kam mir ein

Zwerg entgegen, der seltsamerweise genauso groß war wie ich. Als ich plötzlich die Pflanzen um mich herum als Bäume wahrnahm, merkte ich erst, dass ich selber so klein geworden war wie ein Heinzelmännchen«, erzählt er und erklärt, dass man zwischen Wachzustand und Traum oder in Trancezuständen besonders gut in diese Zwischen-Räume schauen könne und in Einklang mit diesen Wesen komme.

»Die Cheyenne-Indianer, von denen ich viel gelernt habe, erfahren Pflanzen und Bäume als lebendige Körper geistiger Wesenheiten, von denen sie ›umseelt‹ und umhüllt werden. Begleitet von diesen Wesen wachsen die Pflanzen wie in einem Tanz zur Blüte. In ihrer wunderbaren Geometrie und mit ihrem Duft deuten sie an, dass sie ›mehr‹ sind und von einer nicht auszulotenden Tiefe. Ein Kontakt zu den Pflanzenwesen oder eine innere Berührung kann entstehen, wenn wir aus dem Alltagsbewusstsein heraustreten und in gewisser Weise ›ekstatisch‹ werden. Damit ist nicht ein bewusstes Herbeiführen dieses Zustandes gemeint, es ist anders, als wenn der Kopf bestimmt. Beim Gärtnern kommt man ganz spontan in Einklang mit den Pflanzen, es ist wie ein Tanz. Manchmal hackt man nur gerade die Erde, geht mal hierhin, mal dorthin – und plötzlich spürt man ›es‹. Es ist nicht verstandesgemäß, was da passiert.«

In Indien nennt man das mit Licht verbundene geistige Wesen der Pflanze *Deva:* »Die Devas sind im Einklang mit den kosmischen Rhythmen, sie sind sehr machtvoll und um vieles älter als wir Menschen. Sie können zwischen der Erde und dem Kosmos vermitteln. Mit ihren Wurzeln und ihrer Krone verströmen sie die kosmischen Kräfte, denn sie vermögen das Jenseits mit dem Diesseits zu verbinden. Sie nehmen kosmische, stellare Kräfte in sich auf, transformieren sie und verschenken sie als reine Heilkraft. Mit ihren grünen Blättern saugen sie die im einströmenden Licht verborgenen Lebenskräfte auf – sie hören das Singen der Sonne, den Urton, das OM, das von ihr ausgeht, sagen die Inder, speichern es in ihren Geweben und schenken es, indem sie sich verspeisen lassen, an andere Geschöpfe weiter. So geben sie das kosmische Licht, die lebenserhaltende Liebe an uns weiter. Ohne die Pflanzen gäbe es uns nicht. Luft zum Atmen, Nahrung, Kleidung, die Wärme des Feuers im Herd und unsere Behausung sind allein ihr Geschenk. Pflanzen haben Heilkräfte, weil sie selber heil sind.«

Die Pflanzen würden uns heilen, nähren und für uns sorgen, so wie wir uns etwa liebevoll um einen tapsigen Welpen kümmern würden: »Sie haben uns domestiziert, seit Urzeiten halten sie uns sozusagen als ihre ›Haustiere‹. Ihretwegen sind wir sesshaft geworden, wir bereiten ihnen den Boden als Ackerbauern oder Gärtner, damit ihre Sämlinge gut wachsen können, wir beschützen, tränken und düngen sie. Nicht wir sind es, welche die Pflanzen suchen. Die Pflanzen suchen uns!«

In der Schule bekämen wir das Bild vermittelt, Pflanzen seien total passiv. In unserer Kultur glauben wir, dass es eine objektive Sichtweise gibt, wir glauben an das Vermessen, Wägen und Sezieren. »Es gibt so viele Arten, die Pflanzen zu betrachten«, sagt er. »Tatsächlich können Pflanzen sehr aktiv auf Menschen zukommen. Zwar rufen sie uns nicht zu: ›Hallo, wie geht's?‹, sondern es ist mehr eine sanfte, aber deutliche Annäherung, mit der sie in unser Bewusstsein gelangen. Wie zufällig weckt eine Blume unsere Gefühle oder unsere Aufmerksamkeit stark, ein Kraut bevölkert überraschend unseren Garten oder Blumentopf.«

Eine Heilpflanze könne auch in unseren Träumen oder Visionen erscheinen. In diesem Bereich allerdings würden spirituell Suchende, die schon viel wissen, manchmal gerne ihre Fantasie oder Wunschvorstellung in eine solche Begegnung hineinprojizieren. Um wirklich in Kontakt zu kommen, gelte es, radikal ehrlich mit sich selbst zu sein. Materialisten seien dabei manchmal wahrhaftiger. »Sie gehen vom Sichtbaren aus, schauen sehr genau hin und finden manchmal, ohne es gewollt zu haben – und vielleicht gerade deshalb –, eine Spur zum Unsichtbaren.«

Er erinnert sich an seine ersten Gartenerfahrungen in einem anthroposophischen Betrieb in Genf: »Den ganzen Tag war ich damit beschäftigt, die Geiztriebe der Tomaten zu entfernen, damit die ganze Energie in die Früchte geht. Ich grübelte dabei über den tristen Zustand unserer Erde: ›Das ganze Leben beruht auf einer dünnen Chlorophyllschicht, welche die Erde bedeckt, und diese wird so sehr bedroht! Wir leben auf einem sterbenden Planeten …‹ Unverhofft schien ihm, er vernehme in sich die Stimme der Tomate: ›Das Leben ist nicht zerstörbar, es gehört zum Sein. Genauso wie auch das Bewusstsein. Das Leben ist stärker als euer Wahnsinn.‹«

Die Hüter des Geheimnisses

Ihre stille Kraft hüten die Pflanzen und verschenken sie gerne freiwillig, wenn man bereit ist, sie wirklich zu empfangen. Das sei wie in jener Geschichte von den Heinzelmännchen zu Köln, die stets nachts, wenn die Menschen schliefen, deren Arbeit verrichteten. Eine neugierige Schneidersfrau – Symbol des zerlegenden, analytischen Verstandes – aber dachte sich eine List aus: Sie versuchte, ihre fleißigen Helferchen mit Erbsen auf der Treppe zum Stolpern zu bringen und mit Pech festzukleben, um sie dann mit dem Laternenlicht zu überraschen und endlich einmal zu Gesicht zu kriegen. Seit damals seien sie nie mehr gesehen worden.

»Genauso versuchen wir mit unserer Ratio, die Geheimnisse ans Licht des Bewusstseins zu befördern. In unserem intellektuellen Zeitalter leiden wir an der Sucht, alles sehen und erklären zu müssen. Wir wollen erzwingen, das Geheimnis zu sehen.«

Vermutlich erkläre sich auch daraus der momentane Trend zu Ritualen mit psychoaktiven Pflanzen, wobei man sich bewusst sein sollte, dass eigentlich jede Pflanze eine bewusstseinsverändernde Wirkung habe, selbst das kleinste Gänseblümchen.

»Oft stammen diese Ritualpflanzen aus einem Lebensbereich mit kulturgeprägt anderen Visionen, wo sie vor allem von den Schamanen verwendet werden. Diese Meister der Ekstase haben die Fähigkeit, in allen Bereichen ›in sich‹ zu sein und sich in die Pflanze hinein- und auch wieder hinauszuverzaubern. Es gibt wahrhaft Pflanzen, die uns ins Reich der Götter und Dämonen mitnehmen können und dabei die Seele dem Körper komplett entrücken – wie bei einem Besuch im Totenreich oder beim

Geist der Inka-Hohepriester. Wenn man damit nicht umgehen kann, besteht die Gefahr einer Verzauberung, die Seele verlässt vorübergehend den Körper, der wie ein Zombie zurückbleibt. Ob das zur erhofften Erkenntnis führt, sei dahingestellt.«

Jede Pflanze habe ihre besondere Gabe, die sie uns anbiete. Sie anzunehmen oder abzulehnen sei eine sehr persönliche Entscheidung. Oft liege gerade auch in unspektakulären und stillen Begegnungen eine tiefe Kraft, vor allem bei Begegnungen mit Pflanzenwesen, die einen besonderen Bezug zu einem individuellen Menschen haben oder gar Familien über ganze Generationen hinweg aussuchen. Pflanzen würden vermutlich nicht zufällig in unserer nächsten Nähe wachsen. »Immer wieder stelle ich fest, dass Heilpflanzen, die schon die Vorfahren eingesetzt haben, stärker wirken. Als ob bereits ein heilendes Feld vorhanden wäre. Ganz im Sinne der Redensart: ›Man kennt einen Fluss nicht, wenn man nicht weiß, wo er entspringt.‹ Nicht nur meine Großmutter hatte eine besondere Beziehung zur Kamille, die mir bis heute bereits schon wohltut, wenn ich bloß ihren Duft rieche. Manchmal haben auch ganze Gegenden ihre traditionellen Heilpflanzen, etwa das Gebiet Appenzell, Voralberg, Westallgäu. Es ist ein richtiger heilpflanzlicher Kulturkreis, wo der Sanikel seine weitreichende Wirkung entfalten konnte.«

Seine Vorfahren seien über Generationen hinweg Weber und Tuchmacher gewesen. Noch in DDR-Zeiten stellten sie in der Fabrik Mantelstoffe für Schaffner und Eisenbahner her, bis Private vom Staat enteignet wurden. »Mein Großvater ist sehr alt geworden. An einem meiner letzten Besuche kramte er geheimnisvoll eine Zigarrenkiste hervor: ›Ich muss dir etwas zeigen …‹ Doch statt des erwarteten Familienjuwels befanden sich darin drei getrocknete Kardenblütenköpfe. ›Die Karde ist von großer Bedeutung für uns Tuchmacher‹, erklärte er mir. ›Es gibt bis zum heutigen Tage nichts, was die Wolle feiner kämmen könnte.‹«

Viel später dann kam die *Karde* zurück, als Storl zufällig das Buch »Die Weisheit der Pflanzen« des Amerikaners Matthew Wood in die Hände fiel. Dieser war über die chinesische Medizin auf die Karde gestoßen und hatte daraus mit Erfolg eine Tinktur gegen Borreliose hergestellt. »Die Karde, diese Verbündete der Familie, war nicht nur hilfreich für mich, als ich später an Borreliose erkrankte. Ich beobachte in Seminaren, dass sie auch vielen anderen Menschen wie zufällig begegnet oder in Träumen erschienen ist. Ebenfalls ist augenfällig, dass sie in den letzten Jahren viel häufiger wächst, als ob wir als Kollektiv diese kratzige Helferin mit ihren Stacheln dringend bräuchten.

Die Verbindung mit Pflanzen ist in jeder Hinsicht heilend, sie zu sehen, zu riechen, mit ihnen zu meditieren – es ist ein Segen, sich mit ihnen zu verbinden, mit diesen mütterlichen Wesen, die uns so gerne auf allen Ebenen nähren. Dafür braucht es keine großen Rituale. Es genügt, anzuhalten und zu schauen. Und das fängt bei den ganz kleinen, unscheinbaren Pflanzen in der nächsten Nähe an. Denn alles, was es braucht, ist da.«

Seelenpflanzen von Wolf-Dieter Storl

Beifuß (Artemisia vulgaris)

»Er begleitet die Menschheit seit der jüngeren Steinzeit. Räucherungen des Krautes öffnen die Sicht in die geistige Welt, während der Tee den Unterleib erwärmt – er ist auch ein wichtiges Frauenkraut und war das Lieblingskraut meiner Großmutter.

Im 13. Jahrhundert begannen dann die Mönche, Tinkturen herzustellen. Auch in der arabischen Alchemie sah man die Pflanzen immer mehr als ›Behälter von Eigenschaften‹, welche extrahiert und auf Alkohol übertragen werden konnten. Früher aber hat man die Pflanze als Wesen angesprochen, es gab viele besonderen Kräutersprüche, die auch überliefert wurden.

Im ›Angelsächsischen Kräutersegen‹ wird der Beifuß als erste Heilpflanze, als die Älteste, angesprochen und dabei an ihre Kraft gegen ›Gift und Ansteckung und das Unheil, das über das Land dahinfährt‹ erinnert.«

Holunder (Sambucus nigra)

»Es gab ihn schon in den eiszeitlichen Steppen. Er liebt Licht und stickstoffgedüngte Böden und wuchs dort, wo die Herden der Mammuts nachts lagerten. Stets sucht er ein Zuhause und ist darum auch immer dort zu finden, wo Menschen siedeln. Kaum ein Bauernhof ohne Holunderstrauch, die Schutzpflanze eines jeden Hofes. Der Holunder zieht Negatives an sich und leitet es weg vom Hof. Deshalb hat man auch den Hauskobolden und Geistern stets Gaben und kleine Opfer unter dem Hausholunder dargebracht. Krankheitsgeister und ›Würmer‹ wurden an den Holunder gehängt und dadurch entsorgt.

Er galt zugleich als ›des Bauern Apotheke‹. Seine Blüten wirken immunstärkend, aus den Blättern lässt sich eine Salbe gegen Verbrennungen und Frostbeulen herstellen, und die dunkelroten Beeren sind die beste immunologische Vorbereitung für die dunkle Jahreszeit. Die Innenrinde lässt sich nutzen, um Erbrechen und Durchfälle auszulösen – als ›ausleitendes Verfahren‹ sozusagen.«

Braunwurz (Scutellaria nodosa)

»Die knotige Braunwurz hat Blüten, Früchte und Knollen, die wie Knoten aussehen. Die Blüten verströmen einen Duft, der an wilde Tiere erinnert. Sie werden von Wespen aufgesucht und bestäubt. Als Heilpflanze wurden die weißen Speicherknollen als Salbe bei Knoten im Körper verwendet, etwa bei Lmyphdrüsenschwellungen, Furunkeln, Skrofeln und Eiterbeulen.«

Helmkraut (Scutellaria galericulata)

»Auf Englisch heißt Helmkraut *skullcap*, ›Schädeldecke‹, und auf Lateinisch *scutellaria,* ›Schale‹ – was beides auf Kopf oder Schädel hindeutet. Tatsächlich ist der hübsche, himmelblau blühende Lippenblütler eines der besten Mittel für Kopf- und Nervensystem. Er wächst auf sumpfigen Marschböden, vermehrt sich aber auch gut im Garten auf feuchten Humusböden.

Ein halber Teelöffel des zu Pulver verriebenen trockenen Krauts hilft mir wunderbar, wenn ich zu lange am Rechner sitze und dermaßen verspannt und aufgezogen bin, dass ich nicht schlafen kann.

Überall, wo das Helmkraut wächst, wird es als Pulver oder Tee verwendet bei hysterischen Zuständen, Nervenerschöpfung und Depression, Muskelzucken, bei prämenstruellen Spannungen (PMS), Wechseljahrbeschwerden sowie als Unterstützung bei Drogen- und Alkoholentzug.«

Wasserdost oder Kunigundenkraut (Eupatorium cannabinum)

»Der Wasserdost, eine einheimische Pflanze, die auf feuchten Böden in halbschattigen Lagen wächst, ist eine wenig bekannte, aber vielseitige Heilpflanze. Mir hat der Wasserdost bei Erkältungen, Husten, Schnupfen und fiebriger Grippeerkrankung immer gut geholfen. Der Tee, noch besser ein Kaltwasserauszug, hat eine anregende Wirkung auf das Immunsystem.

Mehrere Studien zeigen, dass Wasserdost entzündungshemmend wirkt sowie die Phagozytose steigert, also die Aufnahme von Mikroorganismen in Zellen, ein wichtiger Mechanismus des Immunsystems. Die Wirkung ist ähnlich wie beim Purpurnen Sonnenhut (Echinacea), der ursprünglich aus den Rocky Mountains in Amerika kommt und von Gerhard Madaus, dem großen Meister der Heilkräuterkunde, als Immunstärker bekannt gemacht wurde.

In den 1980er-Jahren kam das Kunigundenkraut in Verruf, da es geringe Mengen der leberschädigenden Pyrrolizidinalkaloide (PA) enthält. Es gibt zwar Pflanzen wie etwa die Greiskräuter (Senecio spp.), bei denen diese PA tatsächlich sehr gefährlich sind und die man nicht innerlich anwenden sollte. Was aber den Wasserdost betrifft, so erklärt uns der Doyen der Phytotherapie, Prof. Dr. med. Rudolf Fritz Weiß, dass der PA-Gehalt viel zu gering ist, um eine Gefährdung darzustellen. Nach den gleichen Kriterien könnte man ebenso gut Bier infrage stellen.

Wie auch Echinacea sollte man den Wasserdost sowieso nicht länger als zwei Wochen einnehmen, denn sonst schlägt die Wirkung ins Gegenteil um. Wer dennoch Bedenken wegen der PA hat, könnte stattdessen eine amerikanische Wasserdostart verwenden, nämlich den Durchwachsenen Wasserdost (Eupatorium perfoliatum), der eine ähnliche immunstärkende Wirkung hat, aber keine PA enthält.«

Loslassen

SAMEN IM WIND

Naturzeit:
Herbst-Tagundnachtgleiche
21.–23. September
Himmelsrichtung:
Westen

Glutrot leuchten die Beeren in den Hecken, und die Vögel füllen sich laut zwitschernd ihre Bäuchlein mit Sommersüße.

Die Schwalben sind bereits in Richtung Süden gezogen. Starenschwärme trudeln ein und schnabulieren in Hecken und Rebbergen. Ein Storchenpaar stelzt durch die Wiese, putzt sich das schneeweiße, schwarz gesäumte Gefieder: ein kurzer Besuch nur auf ihrer Durchreise.

Hell und Dunkel halten sich jetzt genau die Waage, es ist eine Zeit von Harmonie und milder Schönheit. Doch die Nächte werden zusehends kühler und die Tage kürzer. Schillernde Spinngewebe im Morgenlicht, Geruch von Moos und Moder erinnern uns daran, dass die dunkle Zeit bald wiederkehrt.

Der Sommer lässt Früchte und Farben als Geschenk für Mutter Erde und ihre Wesen zurück, um bald den Herbststürmen und der Kargheit Platz zu machen. Als letzten Gruß kleidet er Bäume und Büsche in farbige Gewänder, lässt sie noch einmal in ihrer ganzen Schönheit erstrahlen. Jetzt sind alle Wesen bis in die Seele gesättigt und erfüllt von den goldenen Sommertagen, tragen dankbar den Vorrat in sich für die kalte Jahreszeit.

Rotkäppchen lockt
mit Zauberfarben
über Zäune.

Jenseits der Hecken
in wilden Wäldern
leben die Abenteuer.

Vogelfrei
ist hier das Sein
in seiner Glut.

Begegnung mit Seelengärtnerin Gisula Tscharner

»Ich sammle die Wildpflanzen
aus Lust und Freude am Essen, Trinken, Kochen
und will sie mit dieser Sinnenfreude
auch gleich aus der Medizinschublade herausholen.
Das Leben soll munden, die Lust bis in die Seele spürbar sein.«

GISULA TSCHARNER

»Bereits in der Schöpfungsgeschichte wird der Mensch von Tieren und Pflanzen zur beseelten Natur geleitet. Die Schlange als Symbol des Urwissens, das lange vor jeglichem menschlichem Wissen da war, führt Adam und Eva über den Apfel zur Weisheit des Baumes. Pflanzen sind viel älter als wir, sie haben auch eine viel höhere Lebenserwartung, Klimaveränderung und Umweltzerstörung hin oder her: Pflanzen retten ihr Leben immer, ihre Samen haben Zeit zu warten. Sie speichern Erfahrungen und Wissen aus Millionen von Jahren in sich. Tiere etwas weniger. Und wir Menschen versuchen mit aller Kraft, unseren Rückstand durch Wissen zu regulieren, doch bald wird unser Kopf zu groß, um überhaupt noch geboren zu werden …«, sagt die ehemalige Pfarrerin Gisula Tscharner.

Seit vielen Jahren lebt die gebürtige Zürcherin als freie ambulante Seelsorgerin, Ritualleiterin und Wildpflanzen-Sammelweib in einem idyllischen Bergdorf im Kanton Graubünden und betreibt ihr eigenes *Geistiges Unternehmen.* »Es war meine große Liebe, die mich in dieses Bergdorf geführt hat. Hier gründete ich eine Familie, lernte die rätoromanische Sprache und entdeckte in dieser kraftvollen Naturlandschaft die Welt der Wildpflanzen, die Teil meiner Berufung wurde.«

Natürliche Verbundenheit

Weder im Alten noch im Neuen Testament könne man diese Trennung zwischen Mensch und Natur finden, wie sie heute für uns gängig sei: »Menschen, Tiere und Pflanzen, alles, was kreucht und fleucht, war selbstverständlich ins Seelische eingebettet und untrennbar damit verwoben. Früher haben Mensch und Tier nahe zusammengelebt, oft im selben Stall. Selbst das Jesuskind ist in der Krippe bei Ochs und Esel geboren worden. Pflanzen und Bäume waren natürliche und belebte Verbündete. So erschien Gott dem Moses in einem dornigen Strauch, der in Flammen stand. Mächtige Bäume wie die Dattelpalme, unter der die biblische Richterin Debora Platz nahm, um Recht zu sprechen, gaben den Menschen Unterstand und Kompetenz. Auch das sogenannte ›Manna‹, das die Emigranten – wie man sie heute nennen würde – auf der Flucht aus Ägypten nährte, war wohl so etwas wie im Wind treibende, klebrige Blütenpollen oder Samen. Bei uns heute wären das etwa die Pollen der blühenden Tannenwälder; sie bilden jeweils eine richtige gelbe Wolke, die man einfangen könnte, um sich daran zu sättigen.«

Wo immer wir seien, wüchsen die richtigen Pflanzen. Da bräuchten wir keine biblischen Zedern oder Palmen zu suchen, hätten wir doch unsere heimischen Linden und viele andere heilige Bäume. Erst mit der Aufklärung sei dieser »Knick« gekommen, der die ehemals natürliche Verbundenheit infrage gestellt und zu unserer dualistischen Weltsicht geführt habe. »Plötzlich wurde die Natur feindlich, und mit ihr wurde auch die Kräuterkunde gefährlich, denn diese natürlichen Kräfte stellten die herrschende Machtstruktur fundamental infrage. Viele Pflanzen wurden für giftig erklärt, obwohl sie essbar sind und große Heilkräfte haben, etwa die Beeren der Eberesche. Noch immer warnen besorgte Eltern ihre Kinder, die überaus gesunden ›Vogelbeeren‹ seien giftig.«

Wie zu Zeiten des Ptolemäus würden wir die Welt im Grunde genommen noch immer anthropozentrisch sehen – den Menschen als Zentrum des Universums: Noch heute gehe in unserem Sprachgebrauch »die Sonne unter«, und nicht »die Erde dreht sich von der Sonne weg«, wie es den Fakten entsprechen würde.

»Dass Tiere und Pflanzen beseelt sind, war früher selbstverständlich. Die Seele dieser belebten Wesen infrage zu stellen, finde ich erschütternd. Die langjährige Beschäftigung mit der Natur und den Wildpflanzen hat meinen Glauben verändert, ihn im wahrsten Sinne des Wortes ›zu Boden‹ gebracht und mich selbst erfahren lassen, was die Seele wirklich nährt.«

Ausgewilderte Theologin

Viele Jahre zog Gisula Tscharner als »Sammelweib« durch Wald und Wiesen und kreierte wilde Köstlichkeiten zum Trinken und Schmausen. Ihre *WildeWeiberBar* mit Partyservice war bis über die Kantonsgrenze hinaus bekannt. Hier fanden Vogelbeere, Schlehdorn, Tannenspitzchen, Berberitze und viele einheimische Schönheiten als Spirituosen oder Leckerbissen zu ihrer wohlverdienten Wertschätzung. Den Partyservice hat sie inzwischen aufgegeben: »Die Arthrose hat mein Tempo gedrosselt«, schmunzelt die 69-Jährige, die trotzdem noch immer wie ein Gämse über Stock und Stein hüpft. Für Freunde und Eigenbedarf sammelt sie aber weiterhin so viel, dass sie kaum mit dem Kochen, Trocknen und Einmachen der Köstlichkeiten nachkommt.

In jungen Jahren als frischgebackene Theologin mit Abschluss und Ordination spürte sie bald, dass sie nicht die ›Hirtin einer

Herde‹, sondern freischaffend sein wollte. Sie glaube nämlich an die Freiheit, und die lasse sich nicht in einer fixierten Religion finden. Deshalb ist sie vor langen Jahren auch in aller Entschlossenheit aus der Kirche ausgetreten: »Konfessionslos bin ich deswegen noch lange nicht. Lieber nenne ich mich konfessionsfrei.«

Ihr Anliegen ist es bis heute, Spiritualität und Sinnlichkeit auf natürliche Weise miteinander zu verbinden, so wie die Natur es vormacht. »Die Natur ist das Buch, aus dem sich alles über unser Leben herauslesen lässt.« Mit Vorliebe unter freiem Himmel und im Einklang mit der Natur gestaltet sie Zeremonien zu Lebensübergängen, von Taufe und Heirat bis zur Beerdigung, sowie Rituale aller Art »zum Wachsen und Reifen«. Dabei darf durchaus auch genüsslich von einem feinen Holderkirsch gekostet werden, vom köstlichen Lärchenschnaps – hergestellt aus den Seitentrieben – oder von den »Waldwimpern«, den im Honigessig gekochten Fichtensprossen. »So ist es mir gelungen, das ›Gesamtpaket‹ meines Anliegens unter die Leute zu bringen und über den sinnlichen Genuss, über das ›Einverleiben‹, die Menschen dazu anzuregen, den in der Natur versteckten Reichtum zu finden.« Ein Reichtum, der für sie viel weiter geht als das rein Kulinarische. Oft kombiniert sie die Anlässe ihrem Sinn entsprechend mit Ritualen, Vorträgen oder Weiterbildungen.

»Das Werden und Vergehen in der Natur spielt eine wichtige Rolle. Wachsen, Ernten, Verblühen – das ist der Grundrhythmus des menschlichen, tierischen und pflanzlichen Seins. So lässt sich das erdhaft Sinnliche ganz ungezwungen mit dem himmlisch Spirituellen verbinden – das ist meine Sichtweise von Religion.«

Mit den Pflanzen sein

Besonders am Herzen liegen ihr die unscheinbaren *Un*kräuter in ihrer »untödlichen« Schönheit und Gesundheit und ihrem unbeirrbaren Lebenswillen: »Von ihnen habe ich viel gelernt: Gerade Pflanzen wie Löwenzahn, Brennnessel, Vögelikraut (Vogelsternmiere) oder Spitzwegerich lieben in naiver Güte das Leben, geben es unbeirrbar weiter, hüten es unentwegt ...« In der Begegnung mit den Pflanzen suche sie nie bestimmte Wesenheiten, bewusstes Kommunizieren sei ihr fremd. »Sie sind einfach da und ich mit ihnen ... Vielleicht bin ich schon zu sehr verwildert, aber ich empfinde die Pflanzen so ähnlich wie Leute. Ich *bin* mit ihnen, bin mittendrin, tue nichts dazu, lasse geschehen. Unterwegs beim Wandern oder Klettern bin ich meistens allein mit ihnen. Dann ›rufen‹ sie mich. Es ist ein stiller Ruf. Ich spüre, was sie mich lehren, durch die Art, wie sie wachsen, wie und wo sie stehen ... Für mich ist es ein Zurücktauchen in die Pflanzenwelt, ich komme in eine andere Sprache. Ist es ein Spüren, ein sechster Sinn, eine elektromagnetische Wirkung oder einfach Sympathie? Ich fühle mich dabei selbst wie eine Pflanze. So wie im Märchen, etwa bei Frau Holle, lande ich in einer anderen Welt. Wenn ich dort bin, stimmt alles, es ist eine andere Seinsebene und Erfahrungswelt.«

Kindern falle es viel leichter, in diese Welt einzutauchen. Mit ihren Enkeln und deren Freunden streift die mehrfache Großmutter gerne mitten durch die Niederholzwälder: »Kürzlich wollten die Kleinen unbedingt Wildpflanzen essen: ›Kann man die essen?‹, bestürmten sie mich da und dort. Bei der Brennnessel verweilten wir lange. Ich zeigte ihnen, wie eine Brennnessel angefasst werden möchte. Wie eine Katze wird sie ungern gegen den Strich gestreichelt. Die Kinder verbrachten viel Zeit damit, das feine Brennnesselfell zu erspüren. Sie waren begeistert, als sie entdeckten, wie willig die Pflanze sich ihnen hingab, wenn sie nur ihre Härchen sorgsam in die richtige Richtung streichelten. Es ist tatsächlich so: Streicht man eine Brennnessel geduldig und intensiv aus, so lässt sie sich problemlos roh in den Mund nehmen und verzehren, sie ist dann total besänftigt und entspannt.«

Gisula Tscharner sammelt und isst nur ihr langjährig vertraute Pflanzenarten. Genau wie bei den Menschen, so habe sie auch Pflanzen gegenüber eine natürliche Sozialdistanz. Nicht jeder könne ihr Freund sein, das brauche ein langsames Sichannähern. »Ich gehe auch nicht auf einen wildfremden Menschen zu und überrumple ihn gleich, bloß weil er mir gerade interessant oder anziehend erscheint. Mit Pflanzen ist es wie mit nahen Freunden, man kennt sie schon lange und ist vertraut mit ihnen.«

Wie bei Freunden käme es ihr auch nie in den Sinn, sie für kausales Denken zu missbrauchen. »›Ist das ein Heilkraut? Wie wirkt es? Wofür ist diese Pflanze gut? Wie kann ich sie verwerten?‹ Solche Fragen gehen mir komplett gegen den Strich. Ich sammle die Wildpflanzen aus Lust und Freude am Essen, Trinken, Kochen und will sie mit dieser Sinnenfreudigkeit gleich auch noch aus der ›Medizinschublade‹ herausholen. Das Leben soll munden, die Lust bis in die Seele spürbar sein, ›bissige‹, zupackend sinnliche Liebe …«

Grüne Freunde vor der Haustür

Mit ihren grünen Freunden ist sie aufgewachsen. Löwenzahn, Brennnessel, Spitzwegerich und Gänseblümchen wuchsen vor der Haustür und gehörten selbstverständlich zu ihrer Lebenswelt. Gisula Tscharner verbrachte ihre Kindheit in einem offenen Haus am Zürichsee, mit viel Betrieb und weitem Blick in die Alpen: »Mein Vater war ebenfalls Pfarrer, doch ein sehr unkonventioneller für seine Zeit. Auch er war naturverbunden und in seinem spirituellen Gespür durchlässig für alles, was neben, vor und hinter unserem geordneten Wesen sein könnte.

Einmal fragte ich ihn, woher ich wohl Dinge wisse, die ich weder gelesen noch von irgendjemandem erfahren hätte, worauf er meinte: ›Du hast wohl ein paar Löcher zum unbewussten Schatz der Natur, der da heraufbrodelt …‹«

»Jeden Sonntag nach der Predigt ging es los zum Nachmittagsspaziergang: Wir sammelten dabei meistens Pflanzen, denen wir wie zufällig begegneten: reife Brombeeren, etwas Waldspinat (Teufelskrallenblätter), wilde Himbeeren, Kornelkirschen, Hagebutten, Schlehen, Pilze – was immer sich von der Jahreszeit her gerade anbot. So wurde ich alltagstauglich in die Wildnis eingeführt und lernte nebenbei auch das Beobachten – etwa, dass an den Orten, wo Holz geschlagen wurde, bald darauf Pionierpflanzen wie süße Erdbeerchen ihre Chance ergriffen.

Daher habe ich wohl auch das Urvertrauen, dass dort, wo ich bin, stets die für mich richtigen Pflanzen wachsen. Die Pflanzen wissen viel besser, was wir Menschen brauchen. Im Reich der Pflanzen bin ich ein Nobody, und das sage ich ihnen auch: ›Entscheidet ihr, was jetzt für die Situation richtig ist.‹ Eigentlich kenne ich nicht viele Pflanzen wirklich gut und lerne kaum mehr als zwei unbekannte im Jahr näher kennen, doch das reicht mir: Ich muss ja auch nicht alle Menschen kennen.«

Konkurrenz und Sympathie

Wie Pflanzen miteinander umgehen, sehe man am besten, wenn man ein Stück Erde länger beobachte: »Auch Pflanzen haben eine Sozialordnung, sie haben Bezug zueinander, können einander helfen oder sich gegenseitig mobben. Nach einem Waldbrand oder auf frischem Brachland gibt es vieles zu sehen: Freudig sprießen zuerst die Samen ans Licht, die so lange in der Erde auf ihre Zeit gewartet haben. Zuerst sind es nur einige Pionierpflanzen, doch bald gibt es Gerangel und Konkurrenz. Einzelne nehmen sich viel Platz, es wird immer dichter, sie erdrücken einander, sogar in der eigenen Familie. Schafgarbe, Dost, Himbeeren, Disteln, Gundermann, Minze – alle rangeln um einen Platz. Die früh wachsenden Schafgarben erdrücken die zarte Minze einfach, doch zwei bis drei Minzen können trotzdem überleben. Im nächsten Jahr ist die Pionierzeit der Schafgarben vorbei, die Gemobbten bekommen neuen Schwung. Jetzt blüht nämlich die Schafgarbe später, das gibt mehr Platz für Minzen. Die neuen Himbeeren werden von den Brennnesseln ›gedopt‹, die ihnen prächtigen Dünger geliefert haben. Wo Brennnesseln Platz haben, machen sie gerne gemeinsame Sache, stehen da wie Soldatentruppen. Dabei bringen sie mich oft zum Schmunzeln: Die Weibchen, deren Blüten nach der Befruchtung schwer und schräg hängen, sodass sie mich jeweils an trächtige Hochleistungskühe erinnern, separieren sich deutlich in Weibergruppen von den Männchen, die man wiederum an ihren gelben Blütenbällchen erkennt. Doch wie bei den menschlichen Jugendlichen gibt es immer einige Maitli- oder Bubenschmöcker (Mädchen- oder Jungen-›Schmecker‹), also solche, die dem anderen Geschlecht nicht abgeneigt sind und die soziale Grenze überwinden. Der Wind, der an den Blüten reibt, tut das Seine dazu, dass die Bestäubung der zweihäusigen Pflanze zustande kommt.

Für das Tag- und Nachtpfauenauge und unzählige andere Schmetterlinge und Insekten ist die Brennnessel eine wichtige Nahrungspflanze. Einzelne Brennnesselgruppen widmen sich allein der Raupenzucht, wobei in jeder Gruppe eine bestimmte Art gehegt und gefüttert wird.

Wenn auf dem einstigen Brachland etwas Zeit vergangen ist, gedeihen andere Pflanzen: Im vierten oder fünften Jahr kommt der Hopfen, wächst schwankend ins Leere, packt sich einen Grashalm, gemeinsam fallen sie über einen Tannenast, miteinander wachsen sie weiter. Der Hopfen wächst jedes Jahr wieder neu von unten nach oben, er gedeiht auf seinem Mutterboden, wird zunehmend dicker und kann sich immer besser an den trockenen Stängeln des Vorjahres festhalten und emporklimmen.

Wilder Lauch zeigt sich im Vorfrühling stolz an den Heckenrändern und ruft die Sammlerin. Je intensiver sich aber die dortige Krautgesellschaft zum Sommer hin entwickelt und verdichtet, umso schwieriger wird es Jahr um Jahr für den Lauch, zur Blüte und zum Versamen zu kommen. Nach ein paar Jahren ist seine Zeit vorbei, vielleicht für einige Jahrzehnte: Er wird nun keine ›Kinder‹ mehr haben, seine Kraft geht zurück ins Wurzelwerk. Er hat das Seine beigetragen, hat genug gesät, seine Bestimmung erfüllt und darf nun zurück in die Unterwelt.

Dieses Wissen um den natürlichen Kreislauf von Werden und Vergehen haben alle Menschen, deren Alltag noch von der Natur bestimmt wird.«

Gefährlich ist's im grünen Wald

Ob Giftpflanzen unser Bewusstsein und unseren Respekt wecken wollen? Vielleicht sind sie auch da, um uns davor zu warnen, beim Sammeln nicht allzu raffgierig zu werden? »›Gift‹ bedeutet auf Englisch wohl nicht zufällig ›Gabe‹ oder ›Geschenk‹. So sind Giftpflanzen nicht einfach böse, sondern haben ursprünglich ihre

Daseinsberechtigung und ihren Sinn, je nach Dosis, Rezept und Anwendungsart: zum Töten von Feinden, seien es Tiere oder Menschen, als Kulturdrogen – alle Kulturen haben ihre Drogen – oder aber zur medizinischen Heilung. Will man sie in diesen Bereichen anwenden, muss man die Dosierung kennen. Giftige Pflanzen beim Sammeln genau zu erkennen ist überlebenswichtig, und es macht auf eine ganz andere Art wachsam. Manchmal ist es mir, als würden sich diese Pflanzen richtig zwischen den anderen verstecken, so als wollten sie uns prüfen, wie sorgfältig wir in unserem Umgang und Bewusstsein sind.«

Doch nicht nur die Giftpflanzen, sondern jede Pflanze lehre uns etwas und führe uns irgendwohin. Manche Pflanzen hätten eine besondere Führungsfunktion. Gewisse Pflanzen strahlten für sie geradezu etwas Königliches, Machtvolles aus, etwa Brennnessel, Holunder, Löwenzahn, Wilder Majoran oder die Tanne, die ihr persönlich sehr nahestünden.

»Wildpflanzen sind nicht einfach ›herzig‹. Sich mit ihnen einzulassen bewirkt immer etwas. Ich mag es nicht hören, wenn man von ›Chrütli‹ (Kräutchen), ›Häxli‹ (Hexchen) oder ›Chrüterwiibli‹ (Kräuterweiblein) spricht. Sagt man jemals zu einem Chef ›Scheffli‹ oder zu einem Banker ›Bänkerli‹?« Verkleinerungen von Pflanzen oder weisen Frauen zeigten nichts anderes als die unbewusste Angst vor der Kraft, die der Natur innewohne. Indem Gisula Tscharner den Wildpflanzen vor allem mit Sinnlichkeit und Genussfreude begegnet und dies auch weitergibt, möchte sie von dieser verkrampften Haltung wegführen, ebenso vom einseitig wissenschaftlich geprägten Medizinwissen.

Gartenpflanzen brauchen Liebe

»Pflanzen in einem Garten zu halten ist schon sehr viel schwieriger: Immerhin werden sie dabei ›zwangsimmigriert‹. Es gilt dann, wirklich gemeinsam mit ihnen eine Lösung zu finden für diese eigentlich wider-natürliche Situation, ihnen viel Liebe und Verständnis zu geben und die Verantwortung für sie zu tragen.« Ihr fällt es leichter, mit Pflanzen zu sein, die selbstbestimmt in der freien Natur wachsen. Nichtsdestotrotz sprießt vor ihrem Haus ein erntereicher Gemüsegarten: Das sei das Werk ihrer ganzen Familie, beteuert sie. Sohn Johann nehme sich Zeit für das Pflanzen und Hegen und kümmere sich liebevoll um den Kompost. Eine besondere Kompostmiete mit einem Drehkammersystem aus Lärchenholz habe er entwickelt, das dafür sorge, dass der kostbare Dünger nicht gäre oder faule, sondern rotte – denn wie im Wald brauche Kompost genügend Feuchtigkeit und Sauerstoff.

Ihr Sohn lege auch großen Wert auf die Herkunft der Samen: Sie dürfen keine weiten Transportwege hinter sich haben, sondern sollten aus lokalen Kleingärtnereien stammen. Wie Flüchtlinge würden sie sonst von Firma zu Firma spediert, keiner interessiere sich wirklich für sie. Aus den sorgfältig ausgewählten Samen ziehe er die meisten Setzlinge selbst und umsorge sie mit wachsamen Augen.

Familienvater Angelo übernimmt das Gießen, während für Gisula Tscharner das Jäten und Ernten bleibt. »Mit dem Ernten komme ich im Sommer fast nicht mehr nach. Hier auf 1500 Metern Höhe überleben kaum Schädlinge, der raue Bergwind tut das Seine dazu. Es warten Broccoli, Salat, Zuckerschoten, Erbsen,

Rote Bete, Möhren, Kohlrabi, das Plexiglas-Frühbeet ist proppenvoll mit Bohnen, der Weißkohl ist prall, glatt und kugelrund. Der Blumenkohl hat die Blätter schon früh über seine ›Kindlein‹ gelegt, die Köpfchen wachsen in ihrem Schutz rasant heran. Und wenn es regnet, schaue ich zu, wie die Himbeeren mit Bedacht ihr bestes Gengut, die allerschönsten Beeren, sorgfältig mit den Blättern vor dem Regen bedecken.«

Im Garten dürfe man nicht zu viel wässern, betont Gisula Tscharner immer wieder. Die Gemüse würden sonst abhängig wie Hunde, die stets an der Leine gehalten werden. Gemüse werde dann am kräftigsten, wenn es selbst den Zeitpunkt zum Wachsen und Keimen wählen könne, und bilde dadurch auch mehr und tiefere Wurzeln. »Bis Ende Juni/Anfang Juli haben wir sozusagen nichts. Im Vergleich zu den anderen Dorfbewohnern sind wir immer sehr spät dran, und es sieht lange Zeit mickrig aus. Doch dann ab Mitte August kommt alles voll ins Wachsen, dann kannst du Zuckerschoten und Erbsen beim Sprießen fast zuschauen, und alles wuchert in schönsten Farben und Formen.«

Die angepflanzten Gemüse sind der Familie vertraut, lange Jahre haben sie Sympathie für diese Pflanzen, aber sie experimentierten auch mit wechselnden Fruchtfolgen: »Mischkulturen und ein bisschen soziale Auffrischung tun immer gut, chemisch und seelisch. Salat zeigt sich dabei übrigens sehr diplomatisch, er verhält sich ganz besonders neutral und lässt sich mit fast allem kombinieren.«

Direktsaaten wie Möhren und Rote Bete soll man nicht zu früh pikieren: »Die größten Pflanzen kann man nämlich bereits verwerten, so wird die Saat viel sinnvoller ausgedünnt«, verrät Gisula Tscharner, die fast alles, was wächst, zu schätzen weiß.

Auch die Blacken (Ampfer), die im Garten auftauchen und bei den Bauern auf der Wiese als ein schlimmes Unkraut gelten: Die reifen Samen des Wiesen-Sauerampfers röstet sie im Backofen mit Sojasoße und etwas Öl und streut sie auf ein Butterbrötchen – »freche Wiese« nennt sie diesen einstigen Apéro-Renner. Mit den jungen Blättern des Alpen-Ampfers macht sie Wickel mit Füllungen aller Art, mit seinen Stängeln das Delikatesskompott »Wilder Rhabarber«.

Von Unkraut und Rabenvögeln

Die gejäteten Kräuter, die nicht gleich gegessen werden, schickt Gisula Tscharner auf dem Komposthaufen in die Ferien, denn: »Sie kommen ja wieder«, lacht sie.

Sie ist sehr froh darüber, dass ihr Sohn den Garten so liebevoll pflegt und diesen hegenden Teil übernommen hat: »Ich bin keine mütterliche Gärtnerin, bin auch immer eher eine ›Rabenmutter‹ gewesen. Als meine Kinder klein waren, war ich schon teilzeitlich als Pfarrerin tätig, unterrichtete die Konfirmanden und sammelte Wildpflanzen.«

Dass gerade Rabenmütter besonders herzenskluge Mütter sind, sei hier nur nebenbei erwähnt. Bezeichnend ist vielleicht, dass sich im Familiengarten die Liebe des Sohnes zu den Pflanzen spiegelt, während die Tochter als Drogistin die Kräuter zum Beruf gemacht hat. Die Garten- und Kräuterweisheit der »Rabenmutter« trägt in ihrer ganzen Fülle Frucht.

»Im Frühling von Mitte März bis Mitte April, wenn man pflanzen müsste, bin ich ja immer unterwegs und permanent am Ernten und ›Heimbringen‹ dessen, was die Natur in solcher Fülle bereitgestellt hat: Guter Heinrich, Leimkraut, Taubnessel, Giersch, Vögelikraut (Vogelsternmiere), Gundermann, junge Schafgarben- und Bärenkrautblättchen, weiße Melde zuhauf. Und Löwenzahn, aus dessen Knospen man feine Kapern herstellen kann, indem man die ganz jungen Knospen in Essig, Salz und Pfeffer aufkocht, dann Saft und Knospen separat abkühlt und beides wieder zusammen in Gläser abfüllt – und schon ist die Hälfte der Weihnachtsgeschenke fertig«, schmunzelt sie. Alle diese Blätter eignen sich auch bestens für frühlingsfrische Salate oder können gekocht dem Gartengemüse beigegeben werden.

»Wenn ich mir dann die Gaben der Natur so genüsslich einverleibe, wird mir immer wieder bewusst, wie sehr wir verbunden sind: Egal ob Mensch, Tier, Pflanze oder Stein, in uns allen sind doch dieselben Mineralien und Substanzen drin. Aus diesem Grund sind für mich auch Beerdigungen so berührend: Bei Erdbestattungen zeigt die Verwandlung der Materie klar ihren langsamen Beginn. Bei Kremationen ist es die wunderschöne Ursubstanz, die nach dem ›Gang durchs Feuer‹, heute meist gemahlen, zur Erde zurückkehrt. Sie erinnert mich an den farbigen Kies im Gebirge über der Vegetationsgrenze. Daraus entsteht wieder alles neu – Gräser, Blumen, Bäume, Vögel, Menschen, Ideen … pures Leben wächst daraus, und alles ist verbunden.«

Seelenpflanzen von Gisula Tscharner

Löwenzahn (Taraxacum)

»Fadengerade und tief wächst seine Pfahlwurzel in den Boden hinab. Wurzel, Stängel, Blätter, die weiche Blüte – alles ist genießbar. Wie ein gemütlicher Mensch erscheint er mir, wie er im Herbst nochmals kommt, mit seiner großen Rosette auf der Erde sitzt und Himmel trinkt, die Planetenbahnen in seinen Blättern verarbeitet und mit den Wurzeln tief in die Erde hinuntergräbt.

Das Ausgraben seiner Wurzel ist fast schon ein rituelles Tun. Ich bedanke mich jeweils, dann ›kracht‹ es ein bisschen, das tiefste Wurzelstück bricht, es bleibt in der Erde, als ob der Löwenzahn sagen wollte: ›Seelisch bin ich noch hier, und ich komme wieder.‹ Raubst du ihm aber mehr als zweimal seine Kinder, verschwindet er gänzlich, die Wurzel löst sich auf. Es erinnert mich an die Wölfin, die ihre Kinder zu sich zurücknimmt – also frisst –, wenn sie in Gefahr sind.«

Vogelbeere/Eberesche (Sorbus aucuparia)

»Sie trägt das gesamte Bukett der Winterkräfte in sich, mit Ebereschenbeeren lässt sich nicht nur der gesamte Vitamin-C-Bedarf, sondern all das ganz natürlich abdecken, was als teure Nahrungsergänzungsmittel sonst noch so empfohlen wird.

Was gibt es Wunderbareres als ein Vogelbeerenkompott, herb, aber fein. Wie der Holunder hat die Eberesche große Kraft. Kein Wunder, dass die Beeren dieses wichtigen Baumes zur Zeit der Hexenverfolgung von der herrschenden Schicht als giftig bezeichnet wurden; man fürchtete, die Pflanzenkräfte könnten aus den Menschen herauswachsen …«

Wermut (Artemisia)

»Wie liebe ich ihn mit seinem kühlen Silber, diese grünhelle, klärende Strenge, seine Schärfe. Mit einem Wermutschnaps kannst du jede Bohnen- oder Fischvergiftung zunichtemachen, er ist innere Medizin, hellsilbrig fein in seiner Bitterkeit und Frische. Es gibt viele Wermutgetränke und Aperitifs.

Reibt man die Blätter, verströmen sie einen Duft, der weckt. Man spricht nicht umsonst vom Wermutstropfen im Leben: Es ist ein dosierter Bitterschub, der aufweckt. Er spiegelt die strenge, kühle Schönheit der Bündner Felsen wider. Er ist nicht verbittert, sondern eine Zutat zum Leben, denn ohne Bitterstoffe lässt sich das Leben nicht verdauen. Die Schönheit geht dabei nicht verloren, im Gegenteil.«

Brennnessel (Urtica)

»Sie ist die absolute Königin; Mann und Frau, Krieger und Heilerin zugleich. Die Brennnessel ist sehr nährstoffreich, bildet Chloropyhll (Blattgrün) zuhauf, eine der wirksamsten Leben spendenen Substanzen. Ihren hohen Gehalt an Eisen (Ferrum) nimmt sie aus dem Boden auf und vermag es an andere Lebewesen zu transferieren, ist pflanzliche Vermittlerin zwischen der Erde und den Säugetieren. Gleichzeitig hütet sie in sich das Animalische – die Blätter mit Öl gemixt riechen wie Menstruationsblut. Hand aufs Herz: Stinkt Ihre Brennnesseljauche nicht bestialisch nach Kadaver? Klar, denn sie enthält tierische Säuren: Bienen-, Ameisen- und Schlangensäure. Die Brennnessel hat ja auch ein Fell wie ein Tier: Wenn du sie falsch berührst, beißt sie.

Ihre Stängel waren im alten Europa Basismaterial für alles aus Faden und Stoff: Segeltücher, Taue, Seile und Kleider der Wikinger wurden aus Brennnesselfasern hergestellt, längst vor der Nutzung von Hanffasern. Im Ersten Weltkrieg hat man sich wieder darauf besonnen: 1916 wurden 2500 Tonnen Brennnesselstoff nach altem Wissen mit neuer industrieller Technik hergestellt.

Das Wesen der Brennnessel erinnert an die Schicksalsgöttinnen, die wägen, spinnen und weben. Nicht umsonst ist das Wort Netz(werk) eng verwandt mit dem Wort Nessel und erzählt noch heute von der einstigen jahrhundertealten Kulturverbundenheit mit dieser Königspflanze.«

Schwarzer Holunder (Sambucus nigra)

»Es ist unglaublich, was diese Pflanze uns übers Jahr mit ihren Blüten und Beeren gesundheitlich, mythologisch und seelsorgerisch schenkt. Früher im Krieg hat man vor der Flucht Wertgegenstände unter dem Holunder vergraben und den Strauch bodeneben geschnitten. Kehrte man zurück, war der Strauch nachgewachsen, und man wusste, wo sich das Hab und Gut befand, das er still gehütet hatte.

Holunder sucht immer die Nähe des Hauses, in sich trägt er die Ambivalenz von Hell und Dunkel und zeigt mit seinen Blüten und Beeren Anfang und Ende des Sommers. Der stechende, hocherotische Holderduft hat es mir angetan. Die Beeren mit ihrer schlichten Güte, die Dunkelheit ihrer Farbe, die auch Konsistenz hat, stehen für die Tiefe des Lebens.«

Wilder Majoran/Dost/Oregano (Origanum vulgare)

»Sein unglaubliches Aroma wirkt geradezu orgiastisch und weckt jeden Depressiven. Doch auch andersrum: Als ich einmal eine größere Menge verarbeitete, wurde ich ohnmächtig, es war im wahrsten Sinne des Worte zu viel des Guten.

Wilder Majoran ist mein Begleiter für Sinnenfreude und Wohlbefinden, er ersetzt mir viele mediterrane Küchengewürze. Ein exzellenter Genuss ist der ›Waldrand-Toast‹: Majoran in etwas Öl und Salz eingelegt, auf Brotscheiben im Backofen geröstet, das ist nur noch Musik, purer ›Sound‹. Mit etwas frischem Bergkäse ergibt sich ein perfektes Bukett; zerdrückt man das alles im Mund, so erlebt man wahrhaft ein wonniges Gaumenlied.«

Die große, alte Tanne (Abies)

»Am Weg zu meinem Dorf streckt sie ihre Wurzeln aus wie Beine und Arme. Manche Nächte habe ich bei ihr im Freien verbracht, während sie mich hielt, behütete und wiegte wie ein Kind, ihre Äste über mir wie ein Dach, das vor Wind und Wetter schützt. Geborgen im ›Gebäume‹, getragen von der gütigen Erde …«

Rezepte und Inspirationen

Achtsames Pflanzensammeln

Schon beim Ernten können wir die Wahrnehmung vertiefen und uns respektvoll mit den Pflanzen verbinden.

- Es ist eine schöne Gewohnheit, die Pflanzen um ihr Einverständnis zu bitten, bevor man etwas von ihnen nimmt, und dem inneren Impuls zu folgen, der dann spontan spürbar wird. Das kann durchaus auch mal ein »Nein« von der Pflanze sein.
- Kräuter sollten nur bei trockenem Wetter gesammelt werden und auch nicht taunass sein.
- Je nach Pflanzenteil sind andere Zeiten ideal zum Sammeln, was etwas Beobachtung erfordert. Auch der Mondstand kann dabei berücksichtigt werden: Das **Kraut** und die **Blätter** am besten vor und während der Blüte am Vormittag pflücken, idealerweise bei zunehmendem Mond. Die **Knospen** ebenfalls am Vormittag, und zwar kurz vor dem Aufblühen und damit kurz vor Vollmond. Die **Blüten** vormittags, wenn sie gerade aufgeblüht sind, idealerweise um den Vollmond herum, genau wie die **Früchte** und **Samen,** die aber ganztags geerntet werden können, sobald sie reif sind. **Wurzeln** gräbt man im Frühjahr und im Herbst ganztags aus, jedoch möglichst bei abnehmendem Mond, wie auch die **Rinde.**
- Sich bei den Pflanzen für ihr Geschenk zu bedanken lässt eine gute Resonanz entstehen. Verschiedene Urvölker geben als Ausdruck des Dankes auch einige Brosamen, Reiskörner oder ein eigenes Haar.

Sonnen- und Mond-Kräuterwasser

Ein wirksames Kräuterwasser mit zartem Aroma ist sehr einfach herzustellen:

- Legen Sie die Pflanze Ihrer Wahl (die Sie vor dem Sammeln *gründlich* kennengelernt und somit auch als ungiftig identifiziert haben) in einen Ton- oder Glaskrug mit frischem (Quell-) Wasser. Je nach Wirkung, welche die Pflanze für Sie persönlich entfalten soll, stellen Sie ein Mond- oder ein Sonnenwasser her.
- Man kann die ganze Pflanze einlegen, eventuell auch nur Blüten oder nur Blätter (Wurzeln geben nur sehr wenig an Substanz ab, wirken aber energetisch) – je nach Thematik.

Sonnen-Wasser: *Stellen Sie den Wasserkrug mit der frisch geernteten Pflanze einige Stunden, am besten bis zum Sonnenuntergang, direkt ans Sonnenlicht.*
Das Sonnen-Kräuterwasser aktiviert eine Heilkraft, die vor allem körperlich und im Bewusstsein wirken soll.
Mond-Wasser: *Stellen Sie das Gefäß mit der erntefrisch eingelegten Pflanze erst nach Sonnenuntergang ins Freie und lassen Sie es die ganze Nacht vom Mond bescheinen. Verfeinern lässt sich die Wirkung noch je nach Mondstand (zunehmender Mond: Kraft verstärkend; Vollmond: die Wirkung in ihrer ganzer Fülle; abnehmend: loslassen, zum Beispiel Krankheit loswerden).*
Das Mond-Kräuterwasser aktiviert eine Heilkraft, die seelisch, im Unbewussten und in der Traumwelt wirken soll.

Persönliche Seelenblüten-essenzen herstellen

So wie Dr. Eduard Bach es vorgemacht hat, kann man auch seine eigenen Seelenblütenessenzen herstellen:

- Verwenden Sie nur wild wachsende oder biologische Kräuter, die möglichst wenig belastet sind.
- Pflücken Sie die Blüten morgens um etwa 9 Uhr (siehe »Achtsames Pflanzensammeln«, Seite 233)
- Füllen Sie ein Glasschälchen mit Quellwasser, dessen Oberfläche mit den Blüten bedeckt wird, und lassen Sie es drei bis vier Stunden lang an der Sonne stehen.
- Diese »Mutteressenz« wird mit der gleichen Menge Alkohol konserviert und bleibt so längerfristig haltbar.

Es genügt völlig, sie tropfenweise anzuwenden, um sich mit der Substanz der eigenen Seelenpflanze auf den Weg zu begeben.

Kraftcocktails für Pflanzen

Möchte man seinen Pflanzen einen richtigen Energieschub gehen und sie nachhaltig stärken, sind Jauchen aus Brennnessel oder Schachtelhalm sehr hilfreich.

Jauche herstellen: *Auf 10 Liter Wasser kommt 1 Kilogramm Kraut. Täglich umrühren. Nach 8 bis 14 Tagen kann die Jauche verwendet werden.*

- Die Jauche wird gewöhnlich nur ins Erdreich ausgebracht. Wiederholt man die Behandlung an drei Tagen hintereinander, ist die Wirkung stärker.
- Wer aber Schädlinge vertreiben will, kann mit diesen Kräuterjauchen auch die Pflanzen spritzen, allerdings *unbedingt stark verdünnt mit Wasser (1:50).*

Hierzu ist die zwei bis drei Tage alte, gärende **Brennnesseljauche** geeignet – sie vertreibt allerdings nicht nur Schädlinge … Eingerührtes Steinmehl kann helfen, den strengen Geruch zu binden. Gespritzt werden sollte weder bei Regen noch bei zu starker Sonneneinstrahlung, am besten bei bedecktem Himmel.

Schachtelhalmjauche hingegen bringt man am besten bei Sonnenschein und vor der Mittagshitze aus. Dies stärkt die Pflanzen, hilft gegen Pilze und Bakterienkrankheiten und riecht weniger intensiv als die Brennnesseljauche.

Ursula Bühlers Geheimrezept

Gegen Läuse: *⅓ Zigarette in 1 Liter Wasser auskochen und etwas köcheln lassen. Von dieser Nikotinbrühe gibt man etwa 0,3 Liter auf 1 Liter Wasser, dazu ½ Teelöffel Schmierseife und einige Tropfen ätherisches Zitronellaöl.*
Damit spritzt man befallene Pflanzen, was den Läusen in kurzer Zeit den Garaus macht.

Neophyten essen

Die eingewanderten invasiven Pflanzen verfügen über viel Energie. Und einige von ihnen sind auch essbar.

- Zum Beispiel der **Japanische Staudenknöterich** (Reynoutria japonica), der einst extra importiert wurde, um Böschungen zu befestigen. Jetzt aber steht er wegen seines immensen Potenzials, zu wuchern und einheimische Pflanzen zu verdrängen, auf der schwarzen Liste. Verschiedene Wildkräuterköche und -köchinnen sammeln mit Vorliebe die jungen, glänzenden Sprosse, solange sie noch zart sind und kaum Blätter haben. Sie eignen sich bestens als Gemüse und können auch roh gegessen werden, ihr Geschmack ähnelt dem von Rhabarber, und wie dieser enthalten sie Oxalsäure. In Japan werden die Sprossen als Delikatesse genossen. Auch die jungen Blätter können gekocht gegessen werden, ebenso die im Frühherbst geerntete zarte Wurzel.

- Auch das **Indische Springkraut** mit seinen wunderschönen Blüten hat kulinarisches Potenzial: Die ab August und Oktober reifenden Samen lassen sich für Köstliches in der Küche verwenden: Laut Wildnahrungsspezialist Guido Fleischhauer sind sowohl die weißen, noch unreifen als auch die schwarzen, ausgereiften Samen genießbar. Ihr Geschmack erinnert im rohen Zustand an Walnüsse; je reifer die Samen sind, desto nussiger schmecken sie. Röstet man sie in einer Pfanne ohne Öl ein wenig an, springen sie auf wie Popcorn.
- Die **Kanadische Goldrute** eignet sich ebenfalls als Nahrungsmittel: Die jungen Triebe können von April bis Juli roh zu Salaten oder zu Gemüsegerichten verarbeitet werden, die Blätter von April bis Juli – und die Blüten von Juli bis Oktober zur Teezubereitung (siehe S. G. Fleischhauer: *Enzyklopädie der essbaren Wildpflanzen,* AT Verlag).

Statt diese kraftvollen Pflanzen mit Stumpf und Stiel auszurotten und zu vergiften, ist dies ein gangbarer Weg *mit*, statt gegen die Natur zu arbeiten, und damit gleichzeitig etwas von dieser kraftvollen Energie aufzunehmen. Könnte es sein, dass es die Herausforderung der neuen Zeit ist, ohne Hass und Krieg auf diesem Planeten zu leben und die Mitlebewesen in ihrer Kraft und Energie anzuerkennen? Ist es doch gut möglich, dass wir in einer Zeit von Umweltschäden und übersäuerten Böden dankbar sein können für Pflanzen mit einem solchen Potenzial.

Schnecken im Zaum halten

Wie man den gefräßigen Kriechtieren Beine macht – Tipps und Tricks aus dem Schrebergarten.

- Am besten sammelt man Schnecken nachts, wenn sie besonders aktiv sind. Schneckenmorden ist absolut keine Option und zieht zudem unerwünschte Artgenossen an, die sich dann auch noch an den Schneckenkadavern gütlich tun. Am besten setzt man die gefräßigen Tiere auf einer entfernten Wiese, Weide oder im Wald aus.
- Um Neuankömmlingen den Weg schwer zu machen, bewähren sich Sägemehl aus unbehandeltem Holz, Holzwolle, klein geschnittene Tannenzweige, Sand und Kies, Eierschalen oder Gesteinsmehl. Meine Lieblingsentdeckung ist allerdings Kaffee:

Kaffee gegen Schnecken: *1 Tasse Kaffee mit 4 Tassen Wasser verdünnen. Am besten großzügig rund um die Pflanzen sprühen, die man schützen möchte – aber zuerst vorsichtig an einem Teil der Pflanze testen.*

Dieses Rezept bewegt jede Schnecke zum Umkehren – das »speedige« Koffein scheint diesen langsamen Tieren zutiefst zu widerstreben.

Viele weitere gute Tipps gibt Sofie Meys in ihrem Buch »Schneckenalarm« (siehe Seite 252).

Schmetterlinge und Insekten anlocken

Lassen Sie Ihren Garten ruhig etwas unordentlich werden. Etwas Wildnis muss sein, wenn man ein echtes Gartenparadies erschaffen möchte.

Gerade auf *Un*kräutern wie etwa der Brennnessel, die oft radikal gerodet wird, legen viele Schmetterlingsarten ihre Eier: Admiral, Tag- und Nachtpfauenauge, Kleiner Fuchs, Nesselfalter, Silbergraue und Dunkelgraue Nessel-Höckereule, Brennnessel-Zünslereule und das Landkärtchen sind ausschließlich auf die Brennnessel angewiesen, andere Pflanzen kommen für die Raupen als Nahrung nicht in Betracht.

Mit dem Ausrotten solcher Wildkräuter verschwinden viele Schmetterlingsarten unwiderruflich. Eine Vielfalt einheimischer Pflanzen, Sträucher und sogenannter Unkräuter bietet unzähligen Arten von Schmetterlingen und anderen Insekten reichhaltig Nahrung, während sich ihre Raupen von den oft pompös blühenden Exoten nicht ernähren können. Auch unbiologische Pflanzenschutzmittel sind für Schmetterlinge, Bienen und Insekten oft kurz- oder längerfristig schleichend tödlich.

Biologischer Gartenbau ist eine Gewähr für mehr Biodiversität und damit für einen belebten und summenden Seelengarten. Über das ganze Gartenjahr sollten Blumen und Hecken im Garten blühen. Es empfiehlt sich auch, verblühte Stauden vor dem Winter nicht zurückzuschneiden, denn die Stängel sind im Frühjahr wunderbare Nisthilfen für zahlreiche Wildbienenarten.

Seelenpflanzen

Oft fühlen wir sehr genau, welche Pflanzen unsere Seele stärken. Es sind unter anderem unsere Lieblingspflanzen, die uns seit der Kindheit begleiten.

Wir lieben ihre Farbe, ihren Duft und ihre Form, allein ihre Anwesenheit ist heilsam und tröstet uns wie ein guter Freund. Fast jeder Mensch hat eine oder mehrere solcher Pflanzen.

Immer wieder können sich auch neue Pflanzen in unser Bewusstsein träumen. Wir sehnen uns plötzlich nach einer bestimmten Pflanze, möchten ihren Duft um oder an uns haben, sie in den Garten pflanzen, hegen, pflegen und uns ihr nahe fühlen.

Manche Pflanzen laden uns auch zu einer Beziehung ein, indem sie uns folgen, fast unbemerkt immer wieder auftauchen, in unseren Gartenbeeten von selbst wachsen, sich in unsere Blumentöpfe setzen, selbst aus einer Ritze am Balkon wachsen oder sich uns immer wieder von anderen Menschen schenken lassen.

Dann gibt es auch Grünlinge, die zu hartnäckigeren Mitteln greifen, wenn wir sie nicht wahrnehmen wollen. Sie piesacken uns als Unkraut im Garten, bringen uns immer wieder in Rage, doch werden wir sie einfach nicht los. Alles Ausreißen bringt nichts – hartnäckig tauchen sie immer wieder auf. Manche berühren uns auch unangenehm durch ihren Duft, oder sie bleiben richtig an uns kleben. Auch das sind spannende »Einladungen«: Vielleicht könnte es etwas mit verdrängten Anteilen zu tun haben, und das Angebot der Pflanze ist es, etwas aufzulösen?

Kennen Sie auch solche Pflanzen? Gerade diese »Stalker« haben wahrscheinlich eine persönliche Botschaft oder sogar eine besondere Heilmedizin.

Vielleicht sagen sie auch etwas über die Bodenqualität im Garten aus. Oder sie ergeben einen feinen Tee, eine gesunde Suppe? Oder mehr als das: Sie möchten Sie ganz einfach bei Ihrer jetzigen Lebensthematik begleiten und bieten Ihnen etwas ruppig ihre Freundschaft an …

Dem Kollektiv bieten die Neophyten offensichtlich ihre Kraft an, aber ihre invasive Potenz ängstigt viele Naturschützer. Mit viel Eifer, manchmal sogar mit Hass, werden sie bekämpft und radikal entfernt. Doch sind sie nicht die besten Spiegel des Menschen, der in seiner invasiven Kraft die Erde in Besitz nimmt, die Böden auszehrt, sich ausbreitet, ungeachtet der Tiere und Pflanzen, die ihren Lebensraum verlieren? Warum uns wohl genau diese Pflanzen so sehr ärgern und Sorgen machen? Etwa, weil sie uns den Verlust des eigenen Gleichgewichts aufzeigen? Ich halte diese Pflanzen für besondere Kraftpflanzen, von denen es viel zu lernen gibt. Das soll nicht heißen, ihnen keine Grenzen zu setzen, sondern vielmehr einen gesunden und ausgleichenden Umgang mit ihnen zu finden: ihnen eine Daseinsberechtigung zu lassen, ihrer Botschaft ehrlich zu lauschen – und den Blick in den Spiegel nicht zu scheuen …

Samen

»Was du säst, das wirst du ernten!« Denn im Mikrokosmos Samen ist alles Kommende angelegt.

Das Saatgut für einen Seelengarten soll selbstverständlich biologisch, unbelastet und auf keinen Fall gentechnisch verändert sein – dies nicht nur für die eigene Gesundheit, sondern auch für das Wohlergehen von Bienen, Insekten und Schmetterlingen. Die Samen wild zu sammeln, persönlich bei einer Firma zu kaufen, die das Saatgut liebevoll hütet, oder mit Freunden zu tauschen ist grundlegend, denn im Samen schlummert die zukünftige Pflanze. Er trägt in sich das Wissen, wann er keimen soll, welche Säfte er aus dem Boden aufnehmen soll, welche kosmische Strahlung, zu welcher Pflanze er wird und welche Frucht er tragen wird.

Eine schöne Möglichkeit einer ersten Kontaktaufnahme ist zum Beispiel die folgende Methode, bei der man bereits die Samen mit eigenen Schwingungen informiert, die dann in den Wachstumsprozess der Pflanze mit einfließen können:

Anastasia-Methode: *Stellen Sie sich am besten barfuß auf den Gartenboden. Nehmen Sie die trockenen Samen für mindestens neun Minuten in den Mund. Legen Sie sie dann für 30 Sekunden in die Handflächen und atmen Sie die Luft darauf aus. Legen Sie die Samen anschließend 30 Sekunden lang an die Sonne. Dann betten Sie sie in die Erde und gießen sie erst nach drei Tagen, damit die Informationen einwirken können.*

Um erste Freundschaftsbande mit den bald aufkeimenden Pflanzen zu knüpfen, kann man die Samen auch besprechen, besingen, willkommen heißen, ihnen die eigene Absicht mitteilen oder sie um Heilung, Nahrung oder Schönheit bitten.

Pflanzenbeutelchen

Möchte man eine Pflanze näher kennenlernen, kann man sie einige Tage und Nächte ganz nah bei sich tragen.

- Nähen Sie sie ungetrocknet in ein dünnes Beutelchen oder tragen Sie sie direkt auf der Haut, bis sie zu trocknen beginnt.
- Nehmen Sie sich immer wieder Zeit, mit ihr in Kontakt zu treten – so können Sie Erstaunliches erleben und viel über ihre Kraft erfahren. Es können spontane Heilwirkungen auftreten, intensive und visionäre Träume, Erinnerungen, aber auch Abwehr oder Aggressionen. Man bringt sie dann zurück in die Natur und bedankt sich für die Begegnung.

Ich habe so schon innige Begegnungen erlebt, humorvolle, strenge und liebevolle Pflanzen getroffen. Manche waren voller Stille, während andere es augenblicklich auf den Punkt brachten und mir Wesentliches spiegelten, was nicht immer angenehm ist.

Mit einigen Pflanzen haben sich tiefe Freundschaften entwickelt, sie blieben Begleiter und Beschützer, ich darf immer wieder auf sie zurückgreifen. Je nach Thematik pflücke ich nur Blüten, Blätter oder Wurzeln – mit Vorliebe aber die Pflanze in ihrer Ganzheit, sofern ihre Größe es erlaubt.

Heilpflanzen visualisieren

Wenn Sie körperliche oder seelische Heilung brauchen, bitten Sie die Pflanzenwelt um Hilfe.

- Schildern Sie ihr innerlich oder hörbar Ihr Anliegen. Bitten Sie nun die Pflanze, die Ihre Beschwerden lindern kann, sich zu zeigen und Ihnen ihre Heilkraft zu schenken. Versuchen Sie, für den Moment alles zu vergessen, was Sie über Pflanzen wissen.

  Lassen Sie offen, welche Pflanze erscheinen soll. Kopfwissen ist bei diesem sanften Geschehen eher hinderlich. Vielleicht zeigt sich eine Pflanze, die Sie nicht kennen oder erwarten würden. Vertrauen Sie der Weisheit der Pflanzenwelt.
- Nehmen Sie das Angebot dankbar an – es sei denn, Sie fühlen sich dabei nicht wohl. Dann gilt es, höflich auf Distanz zu gehen, wie bei Menschen, deren Nähe Ihnen nicht angenehm ist.
- Oft zeigen sich vertraute Pflanzen. Hüllen Sie sich geistig in diese Kraft, lassen Sie sich von der Pflanze wiegen und heilen. Wenn Sie genug haben, bedanken und verabschieden Sie sich.

Es geht dabei nicht darum, die Pflanze einzunehmen oder körperlich anzuwenden.

Wenn der Intellekt es nicht lassen kann (so ist er eben), wird er überrascht sein, wenn er später in Kräuterbüchern die gängigen Heilwirkungen der innerlich geschauten Pflanzen liest.

Wir alle tragen das kollektive Pflanzenwissen der Menschheit in unserer Seele. Ein unermesslich kostbarer Schatz, der nur darauf wartet, gehoben zu werden.

Ausklang

Wenn ich mit unseren Hunden durch die Landschaft streife, besuche ich immer »die« Birke. Die Zuneigung zu ihr war vom ersten Moment an da. Schon lange sehe ich sie wachsen, wir kennen uns, seit sie ein Zwergenbäumchen und ich etliche Jahre jünger war. Gemeinsam mit anderen Birken und vielen Sträuchern bildet sie am Rand der Äcker einen kleinen Kraftort im Alltag. Hier ist meine Ruheinsel, wenn mir die Zeit fehlt, unseren Baumgarten außerhalb des Stadtgebietes aufzusuchen.

Heute sind die Wildpflaumen neben der Birke endlich reif. Immer wieder habe ich sie betastet, doch sie wollten noch nicht vom Mutterstrauch lassen. Jetzt fallen sie mir von selbst in die Hand, purzeln übermütig vor meine Füße und belohnen die Geduld mit praller Süße. Ich lehne am furchig gewordenen Birkenstamm, den Mund genüsslich vollgestopft, und träume den weißen Ästen nach ins lichte Blätterdach.

Mit ihren ersten Knospen im Frühling spross die Birke voller Kraft hinaus ins Leben; dieses Jahr beobachtete ich Tag für Tag ihre feinen Bewegungen, entdeckte erstmals ihre weiblichen und männlichen Blüten. Freute mich mit ihr über die frischen, hellgrünen Blättchen im Frühlingslicht, deren Grün dann langsam wie ein satter Klang dunkler und kräftiger wurde. Es beschwingte mich, mit welcher Leichtigkeit der schlanke und bewegliche Baum seine Zweige wiegte, im Wind tanzte, der Hitze und dem Sturm standhielt. Manchmal war die Birke still, ruhte ganz in sich, selbst die Meisen in ihrem Geäst verstummten. Dann wieder wiegte sie sich, rauschte und spielte mit dem feinsten Luftzug und lud mich ein mitzutun. Wie liebevoll und fein sie ihre kleineren Nachbarn – den Liguster, die Hagebutten, den Weißdorn, die Wildpflaumen und die Kletten – beschirmte und unter ihrem lichten Blätterdach gedeihen ließ!

Auch meine aufgewühlte Menschenseele brachte die Birke immer wieder zur Ruhe, lauschte geduldig, wenn ich von meinen Begegnungen mit so verschiedenen Seelengärtnern und Seelengärtnerinnen erzählte und mein Sammelgut vor ihr ausbreitete. Ihre Wurzeln haben mich getragen, der Stamm hat mir den Rücken gestärkt, die weiße Krone lud meinen Geist zum Fliegen ein, der liebliche Tanz ihrer Blätter hat immer wieder mein Herz gewiegt. Ab und zu kaute ich auch ein Blatt, aß einige Birkenpollen, setzte Birkenwasser an; vor allem aber stärkte mich die Anwesenheit dieses stillen und geduldigen Baumkörpers.

Erfrischt von meinem Spaziergang sitze ich wieder am Bildschirm, schreibe die letzten Zeilen dieses Buches. Die milde Herbstsonne scheint durchs offene Fenster, und ich bin dankbar für die Geschenke, die mir auf dieser Suchwanderung durch den natürlichen Jahreskreis zugefallen sind: eine reichhaltige Ernte von Inspirationen. Mit viel Wohlwollen haben alle diese weisen »Pflanzenmenschen« ihr Wissen mit mir geteilt und damit erschlossen, wie mannigfaltig sich das Pflanzenreich in uns spiegeln und zu uns sprechen kann. Unermesslich viele Wege und Zugänge halten die Pflanzen für uns offen, und sie laden uns immer und überall – selbst mitten in den Städten – ein, mit ihnen in Verbindung zu treten oder zu ihnen zurückzufinden.

Doch die Seelenwelt der Pflanzen eröffnet sich nicht über den Intellekt – damit erfahren wir allenfalls Rezepturen, etwas über die Inhaltsstoffe und Wirkungsweisen, nichts aber über das tiefere Sein der Pflanze. Dementsprechend schwierig lässt sich diese seelische Ebene auch belegen. Erfahrbar ist sie nur über die persönliche Begegnung.

Schenken wir den Pflanzen unsere Zeit und ehrliche Aufmerksamkeit, so leiten *sie selbst* uns bereitwillig an und führen uns sanft in ihre Welt. Sie holen uns ab, wo immer wir sind, in unserer ganz individuellen Lebenswelt. Pflanzen vermögen unzählige Sprachen zu sprechen: Die, welche das Wissen suchen, sprechen sie vielleicht zuerst über ihre chemischen Wirkstoffe an, lassen sich bereitwillig analysieren und sogar pharmazeutisch verwenden. Heiltätige oder Heilungssuchende berühren sie über ihre feinstofflichen Schwingungen und Heilwirkungen, Kunstschaffende über ihre Ästhetik, Geometrie und Schönheit, Gourmets oder Sensorikerinnen über ihre Aromen und Düfte, während sie die Träumenden, Schwärmenden und spirituell Suchenden in geistige Sphären einladen … In diesen und unzählig vielen anderen Aspekten stellen diese beseelten Wesen sich voller Hingabe als unsere Spiegel und weisen Lehrerinnen zur Verfügung.

Die Menschen, die ich Ihnen in diesem Buch vorstelle, zeigen anhand ihrer persönlichen Zugänge zur Pflanzenwelt, wie wir die Seelenwelt der Pflanzen tiefer wahrnehmen und wie sie in uns wirken kann. Die Sprache der Pflanzen ist eine stille Sprache, vielleicht am einfachsten zu übermitteln durch Künste wie Fotografie, Malerei, Klang oder Poesie, denn sie wirkt wie ein Nachklang voller Schönheit hinter den Dingen und zwischen den Zeilen. Sie ist wohl nur mit dem Herzen und den feinen Sinnen wirklich zu verstehen.

Mit ihren Wurzeln in der Tiefe der Erde, über ihre Blüten, Blätter und Krone mit dem Kosmos verbunden, beschenken die Pflanzen uns immer wieder mit heilender Lebensenergie, sie transformieren für uns die Liebe der Sonne, wärmen uns mit dem Feuer, das es ohne sie nicht gäbe. Pflanzen sind ganz und heil geblieben in ihrem Sein. Voller Demut erinnern sie uns an diese Ganzheit, stets bereit, uns zum Verlorenen zurückzuführen.

An den moosig gewordenen Stamm der Birke gelehnt, habe ich nicht nur dieses Jahr dem von mir Erlauschten und im Leben Gesammelten nachgespürt, unterstützt durch das mir so vertraute Baumwesen. Geduldig hat die Birke alles über sich ergehen lassen, hat den Raum und die Energie gehalten und mich mit ihrem ganzen Wesen erfahren lassen, dass unser Dasein in allem Streben und Tun ein ständiges Werden ist. Alle Daseinsformen – Menschen, Tiere, Pflanzen, Gestein – sind Teil dieses unermesslichen Stroms. Sichtweisen kommen und gehen, wachsen und verblühen, deren Samen fliegen im Wind, und wenn sie auf gute Erde fallen, sprießen sie dereinst wieder ans Licht …

Es spielt keine Rolle, ob wir die Pflanzen in der freien Natur suchen, sie als Topfpflanzen in unsere Wohnungen holen oder sie zum Ernten oder als Augenweide in unsere Gärten pflanzen. Aber wenn wir ihnen unsere Zeit und Aufmerksamkeit schenken, sie als beseelte Wesen wahrnehmen und mit ihnen sogar eine liebevolle und freundschaftliche Beziehung eingehen, dann erschaffen wir ein Feld der Liebe – und damit unmerklich ein kleines Paradies. Das ist es, was die vorgestellten Seelengärtner und Seelengärtnerinnen allesamt tun. Und es ist nichts anderes, als was die Erde sich seit Anbeginn erträumt. Die Pflanzen als kraftvolle Wesen einer beseelten Natur reichen uns täglich die Hand, um uns daran zu erinnern, dass die bessere Welt, die wir uns erträumen, bereits da ist.

23. September 2016
Eva Rosenfelder

Wie du, Birke,
sich ganz und gar verschenken
dem Tanz des Lebens,
dem Atem der Schöpfung,
geliebt von der Erde
den Himmel umarmen.

Anhang

Literatur

Volker Arzt: *Kluge Pflanzen;* Goldmann Verlag 2015

Agnes Barmettler u. a.: *Erzähl mir, Labyrinth. Frauenkultur im öffentlichen Raum;* Christel Göttert Verlag 2011

Meret Bissegger: *Meine wilde Pflanzenküche;* AT Verlag 2011

Steffen Guido Fleischhauer: *Enzyklopädie der essbaren Wildpflanzen;* AT Verlag 2013

Brigitta de las Heras: *Die Reise durch den Jahreskreis;* Schirner Verlag 2005

Hans Werner Ingensiep: *Geschichte der Pflanzenseele;* Kröner Verlag 2001

Natalie Knapp: *Der unendliche Augenblick;* Rowohlt Verlag 2015

Florianne Koechlin: *Pflanzen-Palaver;* Lenos Verlag 2013

Stefano Mancuso/Alessandra Viola: *Die Intelligenz der Pflanzen;* Verlag A. Kunstmann 2015

Wladimir Megre: *Anastasia – Tochter der Taiga. Band 1;* Govinda Verlag 2013

Sofie Meys: *Schneckenalarm!;* Pala Verlag 2007

Wolf-Dieter Storl:
Erkenne dich selbst in der Natur; AT Verlag 2009
Ich bin ein Teil des Waldes; Kosmos Verlag 2015
Mit Pflanzen verbunden; Kosmos Verlag 2005
Pflanzendevas; AT Verlag 2015

Jürg Reinhard: *Heilung aus dem Kosmos;* AT Verlag 2012

Jürg Reinhard: *Sanfte Heilpraxis;* AT Verlag 2008

Peter Tompkins/Christopher Bird: *Das geheime Leben der Pflanzen;* Fischer Tb 1977

Gisula Tscharner: *Vogelbeere, Schlehe, Hagebutte;* AT Verlag 1998

Gisula Tscharner/Heinz Knieriemen: *Hexentrank und Wiesenschmaus;* AT Verlag 2001

Andreas Weber: *Alles fühlt;* Berlin Verlag 2007
Peter Wohlleben: *Das geheime Leben der Bäume;* Ludwig Verlag 2015

Bezugsquellen

Biologische Samen:
www.bingenheimersaatgut.de
www.biogartenversand.de
www.biogarten.ch
www.blauetikett.de
www.sativa-rheinau.ch
www.zollinger-samen.ch

www.newtritionink.de (Peter Becker vertreibt Produkte aus Japan-Knöterich und regt an, essbare Neophyten zu verarbeiten.)

Register

Rezepte & Anleitungen

Die Gärtnerinnen und Gärtner

Die Seelenpflanzen

Die Autorin

EVA ROSENFELDER wurde die Liebe zu Pflanzen in die Wiege gelegt: Ihr Vater beschäftigte sich als Drogist mit Heilkräutern, ihre Mutter hegte einen Familiengarten. Nach einem Grundstudium in Psychologie lebte sie mehrere Jahre mit Kind und Kegel ein fahrendes Leben, führte ein Geschäft mit Zubehör für Schamanismus und Volksheilkunst und bildete sich unter anderem in Pflanzenheilkunde, Aromatherapie und Schamanismus weiter. Seit knapp 20 Jahren schreibt sie zu den Themen Natur, Psychologie und Spiritualität. Ihr Anliegen ist es, mit dem Herzen der Natursprache zu lauschen und diese in die Buchstaben einfließen zu lassen. Eva Rosenfelder lebt mit ihrer Familie und vielen Tieren und Pflanzen in Winterthur. Mehr unter *www.natur-und-geist.ch*

Impressum

1. Auflage
Originalausgabe

Neumarkter Straße 28
81673 München

Lektorat und Satz: Felicitas Holdau
Umschlaggestaltung und Layout: Daniela Hofner, ki 36 Editorial Design, München
Umschlagmotiv: Frank Brunke
Reproarbeiten: Mohn Media, Gütersloh
Druck und Bindung: Print Consult München
Printed in Slovak Republic

ISBN 978-3-424-63132-6

www.kailash-verlag.de

Hinweis

Der Verlag weist ausdrücklich darauf hin, dass im Text enthaltene externe Links vom Verlag nur bis zum Zeitpunkt der Buchveröffentlichung eingesehen werden konnten. Auf spätere Veränderungen hat der Verlag keinerlei Einfluss. Eine Haftung des Verlags ist daher ausgeschlossen.

Bildnachweis

Fotos: Ralf Bachmann: 255; Barbara Brunke: 58; Frank Brunke: 32, 56, 76, 100, 120, 148, 168, 210; Hildegard Fritsch: 39, 44; David Knipping: 34; Eva Rosenfelder: 78, 83, 89, 102, 108, 112, 117, 122, 125, 150, 161, 165, 170, 181, 185, 191, 212, 219, 251; Sybil Rometsch: 67; Zeitort.de: 134
Gemälde: Agnes Barmettler: 125; Jürg Reinhard: 108, 112, 117

FSC
www.fsc.org
MIX
Papier aus verantwortungsvollen Quellen
FSC® C084279

Verlagsgruppe Random House FSC® N001967

Danke

… allen, die so liebevoll zur Entstehung dieses Buches beigetragen haben und es auf seinem Weg mit Wohlwollen begleiten: ob zwei- oder vierbeinig, mit Wurzeln, Rinde, Blättern, Blüten, ob gefiedert oder mit Fell – oder mit einer feinen und durchlässigen Haut und einem warmen Herzen …